José Roberto A. Igreja

# Como se diz... em inglês?

3ª reimpressão

Preparação de texto
Pedro Carvalho/Verba Editorial

Capa e projeto gráfico
Paula Astiz

Editoração eletrônica
Laura Lotufo/Paula Astiz Design

Assistente de produção
Noelza Patrícia Martins

Dados Internacionais de Catalogação na Publicação (CIP)
(Câmara Brasileira do Livro, SP, Brasil)

Igreja, José Roberto A.

Como se diz — em inglês? / José Roberto A. Igreja. —
Barueri, SP : DISAL, 2010.

ISBN 978-85-7844-060-2

1. Inglês — Expressões idiomáticas 2. Inglês —
Dicionários — Português I. Título.

10-08971 CDD-423.1

Índices para catálogo sistemático:
1. Coloquialismos : Dicionários : Inglês-português 423.1
2. Expressões idiomáticas : Dicionários : Inglês 423.1

Alameda Mamoré 911 - cj. 107
Alphaville - BARUERI - SP
CEP: 06454-040
Tel./Fax: (11) 4195-2811
Visite nosso site: www.disaleditora.com.br
Televendas: (11) 3226-3111

Fax gratuito: 0800 7707 105/106
E-mail para pedidos: comercialdisal@disal.com.br

# Apresentação

Todos os idiomas são repletos de expressões coloquiais, combinações comuns de palavras (*collocations*) e formas peculiares de se expressar. Por isso, nem sempre é possível traduzir literalmente determinadas expressões de um idioma para outro, mantendo o mesmo significado. Alguns exemplos podem ilustrar bem esta situação. É o caso da expressão "não queria estar na sua pele", para a qual não existe uma equivalência literal em inglês; um americano diria "*I wouldn't like to be in your shoes*". Um outro exemplo é a frase "achados e perdidos" que em inglês se diz "*lost and found*". Observe que a ordem das palavras que compõem esta locução em inglês é invertida, enquanto em português a frase é iniciada por "achados" (*found*) em inglês ela começa por "perdidos" (*lost*). E qual a razão disso? Não há explicação; é simplesmente a forma usada pelos falantes nativos de inglês, assim como um brasileiro diria "achados e perdidos".

**Como se diz... em inglês?** vai ajudar você a se expressar em inglês com mais naturalidade. O livro estabelece um paralelo entre os idiomas português e inglês, e aborda termos coloquiais e expressões relativas a variados assuntos. São apresentadas opções e formas corretas de se expressar em inglês, tal qual um falante nativo o faria. Para uma melhor compreensão, o livro também traz frases realistas e contextualizadas que exemplificam cada item abordado.

Veja abaixo alguns exemplos de termos coloquiais e expressões apresentadas no livro:

| **PORTUGUÊS** | **INGLÊS** |
|---|---|
| Birita (bebida alcoólica) | Booze |
| Bom astral | Good vibes |
| Bom de cama | Good lay |
| Cumprir um prazo | Meet a deadline |
| De graça; super barato | Dirt cheap |
| Desastrado | Klutz; clumsy |

| | |
|---|---|
| Dia da mentira | April Fools' Day |
| Espelunca | Dive |
| Foi mal! | My bad! |
| Mancada | Goof |
| Me deu um branco | My mind went blank |
| Paraíso fiscal | Tax haven |
| Quadriciclo | ATV; four wheeler |
| Rango; boia | Grub |
| Uma ova! | My ass! |
| Ursinho de pelúcia | Teddy bear |
| Você madrugou hoje! | You're an early bird today! |

Além disso, **Como se diz... em inglês?** reúne muitas curiosidades relativas ao idioma inglês, normalmente não encontradas em livros e dicionários mais ortodoxos e convencionais. É o caso da seção que apresenta siglas comuns em países de língua inglesa e sua equivalência no Brasil. Um outro exemplo são as interjeições: aí!, opa!, uau! etc. O livro aborda ainda palavras de origem inglesa incorporados ao português, ou seja, anglicismos. É o caso de *barman*; *smoking*; *cooper*; *shopping*; em "*off*"; *outdoor* e *trailer*. Não podemos negar que um grande número de dúvidas e curiosidades que as pessoas tem sobre o idioma inglês referem-se aos chamados "palavrões" (*swearwords*; *four-letter words*) e expressões de baixo calão. Desta forma, o leitor também poderá encontrar no livro algumas destas expressões.

Tive o cuidado de incluir somente expressões, tópicos e curiosidades não apresentadas anteriormente em um outro trabalho semelhante: **How do you say... in English?** (Disal Editora). Assim, se você não encontrar o que está procurando neste novo livro, é bem provável que encontre em **How do you say... in English?**

Espero que **Como se diz... em inglês?** ajude você a expandir ainda mais seus conhecimentos do idioma inglês de uma forma agradável e divertida.

Enjoy!

*José Roberto A. Igreja*

★ **Veja índice dos verbetes na p. 189**

# Como se diz...

## 4 X 4; tração nas 4 rodas

O termo equivalente em inglês é *four-wheel drive*. A abreviação *4WD* também é bastante usada. Veja os exemplos abaixo:

*Four-wheel drive vehicles are appropriate for rough and muddy terrains.*
Veículos com tração nas quatro rodas são apropriados para terrenos irregulares e lamacentos.

*Most pickup trucks are 4WD vehicles.*
A maioria das picapes tem tração nas quatro rodas.

★ **Veja também: quadriciclo p. 155**

## A chave da porta, a chave do carro etc.

Atenção à preposição a ser usada nestes casos, em inglês se diz *the key to the door; the key to the apartment; the key to my car* (ou então *my car key*), etc.

*Do you have the key to the front gate with you?*
Você está com a chave do portão da frente?

## A de amor, B de bola, C de casa etc.

O destaque aqui fica por conta da palavra "de" nas frases acima. Os falantes nativos de inglês diriam "*b as in ball*"(b de bola). Veja os outros exemplos abaixo:

*Vera: How do you spell pneumatic?*
Vera: Como se soletra pneumatic?

*Phil: P - N - E - U - M - A - T - I - C*
Phil: P - N - E - U - M - A - T - I - C
*Vera: Ah! There's a "p" before the "n", right?*
Vera: Ah, tem um "p" antes do "n", certo?
*Phil: Yes, a "p" as in people.*
Phil: Sim, um "p" de pessoas.

*Gary: Sorry, what's the spelling again? Did you say "e" or "c"?*
Gary: Desculpa, como se soletra mesmo? Você disse "e" ou "c"?
*Brenda: "C" as in Charlie.*
Brenda: "C" de Charlie.

## À paisana

A expressão *plain clothes* é usada em inglês para se referir a policiais em serviço vestidos à paisana. Há também o adjetivo *undercover* (disfarçado), muito empregado em frases do tipo *an undercover investigation* (uma investigação secreta) ou *an undercover police operation* (uma operação policial secreta). Confira os exemplos:

*Policemen sometimes wear plain clothes to keep a low profile.*
Os policiais às vezes se vestem à paisana para não chamar a atenção.

*Nobody knew he was a police officer as he was in plain clothes.*
Ninguém sabia que ele era policial porque estava à paisana.

*They found out later that he was an undercover detective.*
Eles descobriram mais tarde que ele era um detetive disfarçado.

## A quem possa interessar

Esta frase introdutória muito comum em cartas de referência tem sua equivalência em inglês em *to whom it may concern*. Veja o exemplo a seguir:

*Reference letters usually start with the phrase "to whom it may concern".*
Cartas de referência normalmente começam com a frase "a quem possa interessar".

## A sangue frio

Observe o uso da preposição *in* na expressão equivalente em inglês: *in cold blood*.

*The serial killer murdered his victims in cold blood.*
O serial killer assassinou suas vítimas a sangue frio.

A forma adjetiva *cold-blooded* significa "cruel", "sem piedade".

*The jury sentenced the cold-blooded killer to life imprisonment.*
O júri condenou o assassino cruel à prisão perpétua.

## A toda; em plena atividade

A expressão idiomática equivalente em inglês é *in full swing*. Confira os exemplos abaixo:

*Peter showed up an hour late and found the party already in full swing.*
Peter apareceu uma hora atrasado e encontrou a festa a toda.

*"Automobile production at the new plant is in full swing now", said the manager at the meeting.*
"A produção de automóveis na nova fábrica está em plena atividade agora", disse o gerente na reunião.

## À vista ou no cartão?

A palavra *cash* já é bastante usada no Brasil com o significado de dinheiro vivo. O verbo regular *to charge/charged/charged* significa cobrar, daí a associação ao cartão de crédito que será usado para a cobrança. Desta forma a expressão usual equivalente em inglês é *cash* or *charge*?

> *"Cash or charge, Sir?", asked the cashier*
> "À vista ou no cartão, senhor?", perguntou o caixa.

## Abaixo-assinado

Em inglês se diz *petition*, ou seja, petição. Confira o exemplo abaixo:

> *More than fifty thousand people have signed a petition against the proposed new law.*
> Mais de cinquenta mil pessoas assinaram um abaixo-assinado contra a nova lei proposta.

## Abanar o rabo

Para dizer abanar em inglês neste contexto use o verbo regular *to wag/ wagged/wagged*. Veja o exemplo abaixo:

> *My dog always wags its tail when I come home from work.*
> Meu cachorro sempre abana o rabo quando eu chego em casa do trabalho.

## Abarrotado

Duas boas opções para transpor esta ideia em inglês são as locuções verbais *packed with* ou *crammed with*. Confira os exemplos contextualizados abaixo:

> *We need to clean out the attic . It's packed with all kinds of junk.*
> Precisamos fazer uma limpeza no sótão. Ele está abarrotado de todo tipo de velharia.

*Our garage is crammed with knickknacks and other useless things. There's no room for parking anymore.*
Nossa garagem está abarrotada de quinquilharias e outras coisas inúteis. Não há mais espaço para estacionar.

## Abrangente

O adjetivo em inglês que exprime com clareza esta ideia é *comprehensive*, que apesar da semelhança não tem nada a ver com compreensivo, que em inglês é *understanding*, *sympathetic*. Confira os exemplos abaixo:

*New employees are given a comprehensive training.*
Os novos funcionários recebem um treinamento abrangente.

*Most banks offer their customers a comprehensive range of investments.*
A maioria dos bancos oferece aos correntistas um leque abrangente de aplicações financeiras.

## Abrir o jogo; contar a verdade

A expressão coloquial equivalente em inglês é *come clean*. Confira os exemplos abaixo:

*"Don't you think it's time we came clean and told the truth?", Terry asked his friends.*
"Você não acha que já está na hora de abrirmos o jogo e contarmos a verdade?", Terry perguntou aos amigos.

*Jason came clean and told his friends what he'd been up to.*
Jason abriu o jogo e contou aos amigos o que estava aprontando.

## Absolutamente

Aqui cabe uma explicação importante. A palavra *absolutely* pode ter o significado de "absolutamente" em frases do tipo *this ice cream is abso-*

*lutely delicious!* (este sorvete está absolutamente delicioso!). Mas é importante saber que nem sempre é possível traduzir "absolutamente" por *absolutely*. Observe que, ao responder uma pergunta, a palavra "absolutamente" tem o mesmo significado de "em absoluto", "de forma alguma", "claro que não". Já *absolutely* possui o sentido contrário, ou seja, significa "com toda certeza", "claro que sim", "sem dúvida", "certamente". E então, como dizer "absolutamente" em inglês nestes casos? Basta acrescentar a partícula negativa *not* a *absolutely*: *absolutely not*.

Observe a diferença entre os dois pequenos diálogos abaixo:

*A: Do you mind if I smoke?*
A: Você se importa se eu fumar?
*B: Absolutely not.*
B: Absolutamente. (De forma alguma; claro que não)

*A: Do you mind if I smoke?*
A: Você se importa se eu fumar?
*B: Absolutely!*
B: Claro que me importo!

## Abstêmio

Em inglês usa-se o termo *teetotaler* para se referir às pessoas que nunca tomam bebida alcoólica. Em inglês britânico acrescenta-se um "l" a mais à grafia: *teetotaller*.

*I've never seen you drink any alcoholic beverages. Are you a teetotaler?*
Nunca vi você tomar bebidas alcoólicas. Você é abstêmio?

## Acertar as contas com alguém; vingar-se

A expressão *get even with* é bastante usada neste contexto. Confira os exemplos a seguir:

*Jimmy can't wait to get even with the guy who humiliated him.*
Jimmy mal pode esperar para acertar as contas com o cara que o humilhou.

*"If I were you I'd be careful. Who knows what Gary might do to get even.", Phil advised his friend.*
"Se eu fosse você eu teria cuidado. Vai saber o que Gary é capaz de fazer para se vingar.", Phil aconselhou o amigo.

## Achados e perdidos

Você talvez até já tenha visto em algum país de língua inglesa a plaquinha "*lost and found*" na seção de achados e perdidos de aeroportos, estações de trem e outros lugares públicos. Mas você já parou para pensar que, ao contrário do português, o que vêm primeiro em inglês é *lost*, ou seja, o que se perdeu? Faz até mais sentido, porque primeiro se perde e depois se encontra, não é verdade? Estas pequenas frases fixas, comuns em todos os idiomas, são chamadas em inglês de *collocations*. Neste caso, ao passo que em português dizemos "achados e perdidos" em inglês se diz "*lost and found*". Veja o exemplo contextualizado abaixo:

*Why don't you go to lost and found? Someone may have found your bag and turned it in.*
Porque você não vai à seção de achados e perdidos? Alguém pode ter achado sua mochila e devolvido.

## Acompanhar alguém até a porta

Para expressar esta ideia em inglês você pode usar dois *phrasal verbs*: *see someone out* ou *show someone out*. Veja os exemplos abaixo:

> *"Thank you for coming! Miss Lee will see you out.", said Mr. Giles with a smile on his face, at the end of the meeting.*
> "Obrigado por ter vindo! A Srta. Lee vai acompanhá-lo até a porta.", disse o sr. Giles com um sorriso no rosto, ao final da reunião.
>
> *"Jenny, can you please show this gentleman out?", Harold asked his secretary.*
> "Jenny, você pode por favor acompanhar este cavalheiro até a porta?", Harold pediu à secretária.

## Acostamento

Nos Estados Unidos a palavra usada é *shoulder*, já na Inglaterra o termo usual é *hard shoulder*. Mas *shoulder* também não significa ombro? Sim, este é o uso mais comum para a palavra *shoulder* em inglês. Veja os exemplos abaixo:

> *"I hear a strange noise coming from the engine. I'll pull over to the shoulder and check what's going on.", said Mike to his buddies in the car.*
> "Estou ouvindo um barulho estranho no motor. Vou parar no acostamento e checar o que está acontecendo.", disse Mike aos amigos no carro.
>
> *When Linda asked Jeff what time it was he just shrugged his shoulders and said he didn't have a clue.*
> Quando Linda perguntou as horas ao Jeff ele encolheu os ombros e disse que não tinha a mínima ideia.

★ **Veja também: andar colado (na traseira de um carro) p. 18**

## Açúcar mascavo

Em inglês é conhecido por *brown sugar*, faz sentido não? Veja os exemplos:

> *Brown sugar is supposed to be healthier than regular sugar.*
> O açucar mascavo é supostamente mais saudável do que o açúcar normal.
>
> *Tim always drinks his coffee with brown sugar.*
> Tim sempre toma café com açúcar mascavo.

## Aficionado; fanático; apaixonado

Há dois termos informais bastante comuns em inglês neste contexto: *buff* e *freak*. Confira os exemplos abaixo:

> *Benny is a computer buff. He knows everything about hardware and software.*
> Benny é um apaixonado por computadores. Ele sabe tudo sobre *hardware* e *software*.
>
> *If you need any information about movies talk to Ellen. She's a film buff.*
> Se você precisar de qualquer informação sobre filmes, fale com a Ellen. Ela é uma aficionada por filmes.
>
> *"Did you know Harry is a fitness freak? It seems he spends most of his time at the gym", said Sarah to a friend.*
> "Você sabia que o Harry é fanático por condicionamento físico? Parece que ele passa a maior parte do tempo na academia", disse Sarah para uma amiga.

## Afogar as mágoas

Assim como em português, a expressão *drown one's sorrows* significa beber álcool a fim de esquecer os problemas. Confira o exemplo contextualizado a seguir:

*"My girlfriend has just dumped me for another guy", said Jeff to his friends. "I think I'll go to a pub and drown my sorrows."*
"Minha namorada acabou de me largar por um outro cara.", disse Jeff aos amigos. "Acho que vou até um *pub* afogar as mágoas."

★ **Veja também: molhar o bico p. 128**

## Aguenta firme aí!

A expressão equivalente em inglês é *hang on in there!*. Também é comum a versão mais curta *hang in there!*. Veja os exemplos abaixo:

*"Hang on in there Nick! Things can only get better now", said Bill to try to encourage his friend.*
"Aguenta firme aí Nick! As coisas só podem melhorar agora", disse Bill para tentar encorajar o amigo.

*"This is no reason to feel depressed. Just hang in there, pal!"*
"Não há razão para sentir-se deprimido. Aguenta firme aí, cara!

## Ai!

Não são apenas as palavras e expressões de um idioma que devem ser estudadas para se falar de forma mais natural. É importante também saber como utilizar certas interjeições, como é o caso do "ai!" que em inglês é *ouch!*. Confira o exemplo abaixo.

*"Ouch!" cried Mike as he accidently hit the hammer on his finger.*
"Ai!" gritou Mike ao martelar o dedo acidentalmente.

Veja a seguir algumas outras interjeições usuais:

**Ei!:** *hey!* Usada informalmente para chamar a atenção de alguém.

*Hey! Don't turn your back on me. I'm talking to you!*
Ei! Não me vire as costas. Estou falando com você!

**Oi!:** *hi!* Interjeição empregada em cumprimentos informais.

*Hi! What's up?*
Oi! Quais são as novidades?

**Opa!:** *oops!* Indica surpresa ou reação a algo desagradável.

*"Oops! I think I screwed up the surprise party you were planning for Jane", said Fred to his friends.*
"Opa! Acho que estraguei a festa surpresa que vocês estavam planejando para a Jane", disse Fred aos amigos.

*"Oops!", said the waitress as she nearly dropped the glasses she was carrying on the tray.*
"Opa!", disse a garçonete quando quase deixou cair os copos que carregava na bandeja.

**Puxa!:** *gee!* Usada para demonstrar surpresa ou aborrecimento.

*"Gee! Do we really have to go now? I was just starting to enjoy myself", said Jeff to his friends.*
"Puxa! Precisamos ir agora mesmo? Eu estava começando a me divertir", disse Jeff aos amigos.

**Uau!:** *wow!* Empregada para se referir a algo interessante ou agradável.

*Wow! Your new car is really awesome. My congrats!*
Uau! Seu carro novo é demais. Meus parabéns!

## Albergue da juventude

Os *Youth Hostels* (albergues da juventude) são muito conhecidos pelos *backpackers* (mochileiros) que em suas viagens normalmente procuram acomodação com preço acessível. A Hostelling International, a associação internacional de albergues da juventude, conta com mais de 4 mil albergues em 80 países. Fica aqui então uma dica de alguém que também já foi *backpacker* no passado: *Staying at youth hostels is a great way to meet travelers from all over the world.* (Hospedar-se em albergues da juventude é uma ótima forma de conhecer viajantes do mundo inteiro.) Veja mais um exemplo abaixo:

*"I was a backpacker myself once. I traveled all over Europe and stayed at youth hostels", said Jim to his friends.*
"Também já fui mochileiro. Viajei por toda a Europa e fiquei em albergues da juventude", disse Jim aos amigos.

## Alvo fácil

A expressão *sitting duck*, usada para se referir a alguém que é fácil de atacar ou enganar, é uma variação de *sitting target* (alvo parado) e tem origem na caça: para um caçador um "pato sentado" (*sitting duck*) é muito fácil de abater. Basta mirar (*aim*) e puxar o gatilho (*pull the trigger*). Veja o exemplo:

> *"We're sitting ducks out here. Let's split up and hide", the captain told his troops.*
> "Somos alvos fáceis aqui. Vamos nos separar e nos esconder", o capitão disse aos soldados.

## Amassar

Em português podemos usar o mesmo verbo "amassar" em vários contextos, quando nos referimos a roupas, papel, um carro, batatas, etc. O mesmo não acontece em inglês, que possui um verbo específico para cada uma destas situações. Confira os contextos abaixo:

**Amassar roupas:** *to wrinke/wrinked/wrinked; to crumple/crumpled/crumpled; to crease/creased/creased*

> *Your shirt is wrinkled. Make sure you change it before you go out.*
> Sua camisa está amassada. Veja se a troca antes de sair.
>
> *This kind of fabric crumples easily.*
> Este tipo de tecido amassa fácil.
>
> *"I think the seatbelt has creased your shirt", said Martha to her husband.*
> "Acho que o cinto de segurança amassou sua camisa", disse Martha ao marido.

**Amassar papel:** *to crumple (up)/crumpled up/crumpled up*

> *Dave crumpled up the letter and threw it away as soon as he had read it.*
> Dave amassou a carta e a jogou fora assim que a leu.

**Amassar carro etc.:** *to dent/dented/dented*

> *Have you seen your car door? It looks like it's dented.*
> Você viu a porta do seu carro? Parece que está amassada.

**Amassar batatas:** *to mash/mashed/mashed*

> *"According to the recipe, we're supposed to mash the potatoes, adding milk and butter", said Jill.*
> "De acordo com a receita, devemos amassar as batatas, acrescentando leite e manteiga", disse Jill.

**Amassar a massa:** *to knead/kneaded/kneaded*

> *The recipe says we should knead the dough until it is smooth.*
> A receita diz que devemos amassar a massa até ela ficar macia.

## Andar colado (na traseira de um carro)

Alguns motoristas imprudentes (*reckless drivers*) insistem em andar colados na traseira do veículo à sua frente. O verbo que expressa esta ideia em inglês é *to tailgate/tailgated/tailgated*. Veja os exemplos abaixo:

> *The sign painted on the back of the school bus read "Do not tailgate".*
> A placa pintada na traseira do ônibus escolar dizia "mantenha distância".

> *"A pick-up truck kept on tailgating my car all the way to Boston", said Justin to his friends.*
> "Uma picape veio colada na traseira do meu carro o caminho todo até Boston", disse Justin aos amigos.

*It is dangerous to tailgate another vehicle.*
É perigoso andar colado no veículo da frente.

Agora veja algumas outras palavras e expressões relativas a trânsito e carros:

**Jaywalker:** termo usado para descrever pedestres descuidados, que atravessam com imprudência uma rua. Existe também o verbo *to jaywalk/jaywalked/jaywalked* que expressa a ação de atravessar uma rua imprudentemente.

*"Watch out for jaywalkers!", Bill told Mike.*
"Cuidado com os pedestres descuidados!", Bill disse a Mike.

*The sign on the road read "No jaywalking".*
A placa na estrada dizia "atravesse com cuidado".

**Fender-bender:** expressão usada para se referir a uma pequena colisão de veículos, sem maiores consequências. Algo como "uma batidinha", "um arranhão".

*It's amazing how a fender-bender can cause the traffic to stall!*
É impressionante como uma batidinha faz o trânsito parar!

**Traffic jam:** congestionamento. Podemos também usar *jam* na forma verbal e dizer *the traffic is jammed* (o trânsito está congestionado). Uma outra expressão também usual para quando o trânsito está parado é *bumper-to-bumper traffic*, que significa literalmente que os carros estão parados com os para-choques colados, sem poder se movimentar.

**Rush hour:** expressão já incorporada ao português: hora do rush

*I hate to drive in the rush hour.*
Odeio dirigir na hora do rush.

**Shortcut:** atalho

*"Do you know any shortcuts from here? It's rush hour, you know, and traffic must be jammed on the main street", Doug told Jim as they got in the car.*

"Você conhece algum atalho a partir daqui? É hora do rush e, você sabe, o trânsito deve estar congestionado na rua principal", Doug disse para Jim ao entrarem no carro.

**Crosswalk:** faixa de pedestres. Na Inglaterra são usadas as expressões *zebra crossing* e *pedestrian crossing*.

*Always use the crosswalk when getting across the street.*
Sempre use a faixa de pedestres ao atravessar a rua.

**Pile-up:** engavetamento

*A minor pile-up involving five cars was caused by the fog.*
Um engavetamento de pequenas proporções envolvendo cinco carros foi causado pela neblina.

**Double parking:** estacionar em fila dupla.

*"No double parking" read the sign at the school gate.*
"Proibido parar em fila dupla" informava a placa no portão da escola.

**Honk:** buzinar

*Stop honking! You'll disturb the neighbors.*
Pare de buzinar! Você vai perturbar os vizinhos.

★ **Veja também: acostamento p. 12**

## Aniversariante

Em inglês se diz *birthday boy* ou *birthday girl*, termos também usados para se referir a adultos.

*The birthday boy smiled as he blew out the candles on his birthday cake.*
O aniversariante sorriu ao apagar as velas em seu bolo de aniversário.

*"Where's our birthday girl?", asked Todd as he arrived at the party.*
"Onde está a nossa aniversariante?" perguntou Todd ao chegar à festa.

## Anjo da guarda

*The term guardian angel is used to refer to a spirit believed to protect and to guide a particular person.*
O termo anjo da guarda é usado para se referir a um espírito que se acredita proteger e guiar uma pessoa em particular.

## Apunhalar alguém pelas costas

Esta expressão coloquial, que basicamente significa "trair alguém", tem equivalência literal em inglês: *stab someone in the back*, onde o verbo regular *to stab/stabbed/stabbed* significa "apunhalar; dar facadas". Confira os exemplos abaixo:

*I could never expect him to stab me in the back like that!*
Nunca podia esperar que ele fosse me apunhalar pelas costas dessa maneira!

## Arcar com as despesas; pagar a conta

A expressão equivalente em inglês é *foot the bill*. Veja os exemplos abaixo:

> *"I'm just wondering who's going to foot the bill, that's all", said Leo to his friends as he looked at the beer bottles on the table.*
> "Só queria saber quem vai pagar a conta, só isso", disse Leo aos amigos, enquanto olhava para as garrafas de cerveja vazias na mesa.
>
> *It was not my fault you crashed the car, so don't expect me to foot the bill!*
> Não foi por minha culpa que você bateu o carro, então não espere que eu vá arcar com as despesas!

## Areia movediça

O termo equivalente em inglês é *quicksand*. Confira o exemplo:

> *Watch out! That's quicksand over there." shouted the guide.*
> Cuidado! Tem areia movediça ali." gritou o guia.

## Armação

A forma substantiva *setup*, formada a partir do *phrasal verb to set up/set up/set up*, é usada neste contexto. Confira os exemplos abaixo:

> *"The whole thing was a setup. I had nothing to do with what happened", Keith tried to explain to the cops.*
> "Foi tudo armação. Não tive nada a ver com o que aconteceu", tentou explicar Keith aos policiais.
>
> *They found drugs in Mike's backpack, but he claimed it was a setup.*
> Encontraram drogas na mochila do Mike, mas ele alegou que foi armação.

Além de ter outros significados, o *phrasal verb to set up* também é usado para expressar a ideia de "incriminar alguém"; "armar para alguém". Veja o exemplo abaixo:

> *"They are trying to set me up, but I'm clean, I swear to God!", Rick told the detective.*
> "Estão tentando me incriminar, mas sou inocente, juro por Deus!", Rick disse ao investigador.

## Asilo

As opções para quando você precisar se referir a "abrigo para velhinhos, lar para idosos" são *nursing home*, *rest home* ou, quando o contexto já estiver explícito, simplesmente *home*. Confira os exemplos abaixo:

> *Nursing homes or rest homes are private institutions for the elderly providing health care and accommodation.*
> Asilos ou lares para idosos são instituições particulares que proporcionam assistência médica e acomodação para idosos.

> *Granny doesn't want to be put into a home when she gets old.*
> Vovó não quer ser mandada para um asilo quando ficar velha.

Já quando o contexto for "asilo político" o termo apropriado é *asylum* ou *political asylum*. Confira os exemplos abaixo:

> *Refugees were granted asylum in several European countries.*
> Vários países europeus concederam asilo aos refugiados.

> *No country would grant the African dictator political asylum.*
> Nenhum país queria conceder asilo político ao ditador africano.

## Assadura de bebê

Os americanos dizem *diaper rash*, já os ingleses usam o termo *nappy rash*. Isso porque fralda nos Estados Unidos é *diaper* e na Inglaterra, *nappy*.

*Diaper rash is a term that refers to a sensitive red area on a baby's bottom, usually caused by irritation from urine in diapers.*
O termo assadura se refere a uma área vermelha sensível no bumbum de um bebê, geralmente causada pela irritação da urina em fraldas.

## Assim é que se fala!

A frase equivalente em inglês é *now you're talking!*. Confira o exemplo:

*"Now you're talking! This is just what I wanted to hear", said Sammy to his friend.*
"Assim é que se fala! É exatamente isso que eu queria ouvir", disse Sammy ao amigo.

## Assim que possível; o quanto antes

Na conversação informal em inglês é muito comum o uso da abreviação *ASAP*: *As Soon As Possible*. Veja os exemplos abaixo:

*I need that report ASAP!*
Preciso daquele relatório assim que possível!

*"Can you please check those figures ASAP?", Mr. Fields asked Tom.*
"Você pode por favor checar estes números assim que possível?", o sr. Fields pediu ao Tom.

★ **Veja também: siglas p. 165**

## Assumir as consequências

Esta ideia tem equivalência em inglês na expressão idiomática *face the music*. Veja os exemplos contextualizados a seguir:

*You know you'll have to face the music when your father finds out you've been cutting classes, don't you?*
Você sabe que vai ter que assumir as consequências quando seu pai descobrir que você tem matado aula, não sabe?

*Billy broke the neighbor's window and had to face the music.*
Billy quebrou a janela do vizinho e teve que assumir as consequências.

## Atingir a maioridade

A expressão equivalente em inglês é *come of age*. Veja os exemplos abaixo:

*Derek moved out of his parents' house as soon as he came of age.*
Derek saiu da casa dos pais assim que atingiu a maioridade.

*Tim's family would not let him live abroad before he came of age.*
A família do Tim não o deixava viver no exterior antes de ele atingir a maioridade.

## Ato falho

Em inglês se diz *freudian slip*, que em uma tradução livre significa "um escorregão freudiano". É uma alusão ao psiquiatra austríaco Sigmund Freud (1856-1939), considerado o pai da psicanálise. Veja a frase contextualizada abaixo:

*"Did I really say that? Oh, sorry. I meant something else. That must've been a freudian slip", said Carol to a friend.*
"Eu disse isso mesmo? Desculpe-me. Eu quis dizer outra coisa. Deve ter sido um ato falho", Carol disse a uma amiga.

É interessante destacar que o termo coloquial *shrink* é muito comum em inglês para se referir a psicanalistas. É claro que você sempre pode usar a palavra *psychoanalyst* (ao ler esta palavra lembre-se de que o "p" é mudo), mas se você prestar atenção nos filmes americanos vai notar que *shrink* é quase sempre a palavra usada.

*Alan is seeing a shrink once a week.*
Alan está fazendo terapia uma vez por semana.

## Atrair a atenção de alguém

Podemos dizer em inglês *draw someone's attention* e também usar a expressão coloquial *catch someone's eye*, bastante comum neste contexto. Confira os exemplos:

*Pretty girls always catch Nick's eyes.*
As garotas bonitas sempre atraem a atenção do Nick.

*That's our friend Sam over there! Let's try to catch his eye.*
Aquele ali é o nosso amigo Sam! Vamos tentar atrair a atenção dele.

## Auge

O substantivo *pinnacle* é usado em inglês para se referir ao ponto ou nível mais alto de algo, assim como auge.

*He had reached the pinnacle of his career as a painter by the age of forty-two.*
Ele tinha alcançado o auge de sua carreira como pintor aos quarenta e dois anos.

## Azar

Em inglês se diz *bad luck*, ou seja, literalmente "sorte ruim", para se referir a azar. Existe também a expressão bastante coloquial *tough luck!* (que azar!). Veja os exemplos abaixo:

*"Two flat tires in the same week? That's really bad luck!", said Kurt.*
"Dois pneus furados na mesma semana? Isso é bastante azar!", disse Kurt.

*Maria: "What does the word jinx mean in English?"*
Maria: "O que significa a palavra *jinx* em inglês?
*Frida: "Jinx? Well, jinx is a word used to refer to someone or something that is supposed to bring bad luck."*
Frida: "*Jinx*? Bom, *jinx* é uma palavra usada para referir-se a alguém ou alguma coisa que supostamente traz azar.

É importante lembrar que a palavra *hazard* não tem nada a ver com azar. Esta palavra é na verdade empregada como sinônimo de *danger* (perigo) ou *risk* (risco). Veja o exemplo abaixo:

*That old road is a hazard to drivers.*
Aquela estrada velha é um perigo para os motoristas.

Ainda neste contexto, a expressão *be down on luck* significa "estar sem sorte"

*"Cheer up Jerry! You've just been down on luck, that's all, but things will surely get better, you'll see!", said Frank, trying to encourage his friend.*
"Anime-se Jerry! Você não tem tido sorte, é só isso, mas as coisas vão certamente melhorar, você vai ver!", disse Frank, tentando encorajar o amigo.

## Azedar

Há algumas opções para expressar esta ideia em inglês, podemos usar o verbo regular *to sour/soured/soured* e também dizer *go sour* ou *turn sour*. Veja o exemplo:

*The milk you left out of the refrigerator smells terrible. It must have gone sour.*
O leite que você deixou fora da geladeira está com um cheiro horrível. Deve ter azedado.

## Azulado(a); Esverdeado(a) etc.

Basta acrescentar à cor a terminação *ish*: *blueish/bluish*; *greenish*; *reddish* etc.

*Have you seen a greenish box around?*
Você viu uma caixa esverdeada por aí?

*That reddish dress of yours is really cool!*
Aquele vestido avermelhado seu é super legal!

*Karen has bluish green eyes.*
Karen tem olhos verdes azulados.

## Babá

O termo *baby-sitter* ou simplesmente *sitter* refere-se à babá que é contratada para cuidar de criança(s) durante a breve ausência dos pais. É diferente de *nanny*, que é a profissional contratada em período integral para cuidar de crianças em uma casa de família, e que muitas vezes, mas não sempre, dorme no local de trabalho.

*"We need to go, honey. I told the sitter we'd be home by eleven", said Helen to her husband as she looked at her watch.*
"Precisamos ir, querido. Eu disse a babá que estaríamos de volta em casa antes das onze", disse Helen ao marido, ao olhar para o relógio.

*"We'll need to hire a nanny if you start working full-time", said Ron to his wife.*
"Precisaremos contratar uma babá se você começar a trabalhar em período integral", disse Ron à esposa.

## Babaca; panaca; imbecil; idiota

Assim como em português, há muitas opções para expressar esta ideia em inglês. Alguns termos muito usuais são: *schmuck*, *jerk*, *asshole*, *dork* e *dick*. Confira os exemplos:

*"That schmuck spilled beer all over my shirt!", said Brian.*
"Aquele babaca derramou cerveja na minha camisa toda!", disse Brian.

*"Dave is mad at you because you called him a jerk", Josh told Mike.*
"Dave está furioso com você porque você chamou ele de babaca", Josh disse para Mike.

*"What's that asshole doing?", Steve asked his friends.*
"O que aquele panaca está fazendo?", Steve perguntou aos amigos.

*"You know Gary, he is a real dork sometimes", said Fred.*
"Vocês conhecem o Gary, ele é bastante idiota às vezes", disse Fred.

*"I can't believe Mark did that. He's such a dick!", said Sean to his friends.*
"Não acredito que o Mark fez aquilo. Ele é tão babaca!", disse Sean aos amigos.

## Bagunçar

Esta ideia pode ser expressa em inglês com o *phrasal verb to mess up/messed up/messed up*. Veja os exemplos:

*Who messed up the kitchen?*
Quem bagunçou a cozinha?

*Nancy hates it when the wind messes up her hair.*
Nancy odeia quando o vento bagunça o cabelo dela.

## Baixa estação; baixa temporada

Embora possamos dizer *low season*, o termo *off-season* é mais usual em inglês para se referir ao período do ano quando há menos turistas viajando e os preços de hotéis e outros serviços são normalmente mais baixos.

*Traveling is usually cheaper in the off-season.*
É normalmente mais barato viajar na baixa estação.

A expressão *off-season* também pode ser empregada na forma adjetiva:

*How much are the off-season rates for a single room?*
Quanto custa a diária do quarto de solteiro na baixa estação?

## Baixinho; pessoa de baixa estatura

Há duas grafias possíveis para esta palavra em inglês: *shorty* ou *shortie*. Veja o exemplo:

*Do you know that shorty guy over there?*
Você conhece aquele cara baixinho ali?

★ **Veja também: barrigudo p. 32; dentuço p. 74; gorducho p. 112 e magricela p. 120**

## Banco (assento)

Talvez você tenha ficado curioso ao ler este verbete e até se perguntado: mas a palavra banco não é a mesma em qualquer contexto? Em português pode até ser, mas o mesmo não ocorre no inglês. Quando o contexto for banco de praça ou parque, diga *bench*, *benches* no plural. Se você quiser se referir aos bancos de transportes coletivos, como ônibus, metrô ou trem, a palavra adequada é *seat*. Esta mesma palavra também é usada para os assentos em cinemas e teatros ou bancos de carros. E, finalmente, para dizer banco de igreja, use a palavra *pew*. Confira os exemplos abaixo.

*"Let's sit on that bench in the shade", said Liz to a friend as they were walking in the park.*
"Vamos nos sentar naquele banco à sombra.", disse Liz a uma amiga quando andavam no parque.

*Dave gave up his seat on the subway to a pregnant woman.*
Dave cedeu seu assento no metrô a uma grávida.

*"Is this seat taken?", asked Terry in the movie theater.*
"Este assento está ocupado?", Terry perguntou no cinema.

*The long wooden seats in a church are called pews in English.*
Os assentos compridos de madeira em uma igreja são chamados de *pews* em inglês.

*I saw Mary sitting on a pew praying as soon as I walked into the church.*
Vi Mary sentada rezando assim que entrei na igreja.

★ **Veja também: casamento de fachada p. 53; coroinha p. 65; fazer uma prece p. 102; rezar p. 102; pedir em casamento p. 144; subir ao altar p. 174**

## Barman

Se você estiver nos Estados Unidos e quiser referir-se ao profissional que prepara e serve drinques, diga *bartender*. Já posso ouvir você dizendo: mas como? A palavra *barman*, também usada no Brasil, não vem do inglês? É errado falar *barman* em inglês? Não, não é errado, mas o termo é usado apenas na Inglaterra, assim como o feminino *barmaid*.

*"I'll have a shot of whisky. Make it straight, please", Clint asked the bartender.*
"Vou tomar uma dose de uísque. Pura, por favor", Clint pediu ao barman.

★ **Veja também: birita p. 37; cooper p. 64; em "off" p. 84; loja de bebidas alcoólicas p. 120; outdoor p. 136; shopping p. 165; smoking p. 170 e trailer p. 181**

## Barriga de aluguel

O substantivo *surrogate* em inglês significa substituto ou substituta. Daí a expressão *surrogate mother*, equivalente a barriga de aluguel.

*A woman who bears a child for another person is called a surrogate mother.*
Uma mulher que dá à luz uma criança no lugar de outra pessoa é chamada de barriga de aluguel.

## Barrigudo

O equivalente em inglês é *paunchy*, adjetivo formado a partir do substantivo *paunch*, que significa pança, barriga. Confira o exemplo abaixo:

*You're becoming paunchy! Why don't you try working out at the gym?*
Você está ficando barrigudo! Por que não experimenta malhar na academia?

★ **Veja também: baixinho p. 30; dentuço p. 74; gorducho p. 112; magricela p. 120**

## Básico; simples; sem detalhes supérfluos

O adjetivo *no-frills* é muito usado em inglês para descrever um lugar, produto ou serviço básico e que não agrega detalhes ou luxos desnecessários. Confira os exemplos abaixo:

*We rented a no-frills car during our stay in Europe.*
Alugamos um carro básico durante nossa estadia na Europa.

*I'd rather fly with a no-frills airline and pay less.*
Eu preferiria voar com uma companhia aérea simples e sem luxo e pagar menos.

*Randy used to live in a no-frills apartment when he was a college student.*
Randy morava em um apartamento simples quando era estudante universitário.

## Bater um fio; dar uma ligada

Além de *give someone a ring*, a expressão informal *give someone a buzz* é bastante usada neste contexto. Veja os exemplos:

*I think I'll give Jim a buzz and check out what he's doing.*
Acho que vou dar uma ligada para o Jim e ver o que ele está fazendo.

*Give me a buzz when you get there.*
Me bate um fio quando você chegar lá.

*I'll give you a ring tomorrow so we can talk about that.*
Eu te ligo amanhã para conversarmos sobre isso.

## Beijo de língua

Embora a versão literal *tongue kiss* também seja uma opção, uma expressão bastante usual em inglês é *French kiss*. Confira os exemplos:

*Javier: What does French kiss mean?*
*Luke: Well, it's an open-mouth kiss involving tongue-to-tongue contact.*
Javier: O que significa French kiss?
Luke: Bom, é um beijo dado de boca aberta com contato de línguas.

*French kissing in public places is a lot more usual nowadays.*
Beijo de língua em lugares públicos é muito mais comum hoje em dia.

*Sheila felt uncomfortable when her boyfriend gave her a French kiss in front of everyone.*
Sheila não se sentiu à vontade quando seu namorado lhe deu um beijo de língua na frente de todos.

★ **Veja também: bem-dotado p. 34; bom de cama p. 40; boquete p. 41; consolo p. 63; ménage à trois p. 124; preliminares p. 150; rapidinha p. 158**

## Beliscão

A palavra *pinch* é usada em inglês como substantivo (beliscão) ou verbo (beliscar). Em outro contexto *pinch* também significa pequena quantidade ou pitada de alguma coisa. Confira os exemplos abaixo:

*Dennis gave Kate a pinch on the cheek.*
Dennis deu um beliscão na bochecha da Kate.

*Can you stop pinching me, please?*
Dá para você parar de me beliscar, por favor?

*Don't forget to add a pinch of salt while the vegetables are cooking.*
Não se esqueça de acrescentar uma pitada de sal enquanto os legumes estiverem cozinhando.

## Bem-dotado

Em inglês também há uma expressão coloquial equivalente à bem-dotado: *well-hung*. Confira o pequeno diálogo contextualizado abaixo:

*A: "What kind of men do you usually like?", Betty asked Liza.*
A: "Que tipo de homens você geralmente gosta?", Betty perguntou a Liza.
*B: "Me? Strong, well-hung young men, of course!.", Liza answered jokingly.*
B: "Eu? Jovens fortes e bem-dotados, é claro!", respondeu Liza brincando.

★ **Veja também: beijo de língua p. 33; bom de cama p. 40; boquete p. 41; consolo p. 63; ménage à trois p. 124; preliminares p. 150; rapidinha p. 158**

## Bem feito!

Para enfatizar que alguém mereceu o castigo por ter feito algo errado, é muito comum a expressão "*it serves you right*", que equivale em gênero, número e grau ao nosso trivial "bem feito!". Veja o diálogo abaixo:

*Gary: Brian hit me, mom!*
Gary: O Brian me bateu, mãe!
*Helen: It serves you right! You shouldn't have pushed him in the first place.*
Helen: Bem feito! Você não deveria ter empurrado ele pra começo de conversa.

Se a ideia for cumprimentar alguém por ter feito um bom trabalho, a expressão equivalente em inglês é "*well done!*".

*"Well done Joe! The report is well-written and it goes straight to the point", said Mr. Willy with a smile on his face.*
"Muito bom, Joe! O relatório está bem escrito e vai direto ao assunto", disse o sr. Willy, com um sorriso no rosto.

## Bem na hora!

A expressão equivalente em inglês é "*right on time!*" Confira o exemplo:

*"Right on time!", said Pete as I opened the door and let myself in.*
"Bem na hora!", disse Pete quando eu abri a porta e entrei.

## Bicão; penetra

Também há em inglês uma expressão informal correspondente: *gatecrasher*, formada a partir do substantivo *gate* (portão) e do verbo *to crash/crashed/crashed* (invadir, "furar").

*Bouncers make sure gatecrashers are kept outside.*
Os leões de chácara certificam-se de que os bicões fiquem do lado de fora.

*A couple of gatecrashers almost ruined the party.*
Alguns bicões quase estragaram a festa.

## Bicho do mato

Uma boa opção em inglês para este contexto é a palavra *loner*, que é muito usada para se referir a uma pessoa reservada e que passa muito tempo sozinha. Confira o exemplo:

*Don't worry about Jeff. He's always been a bit of a loner.*
Não se preocupe com o Jeff. Ele sempre foi meio bicho do mato.

## Bife

Observe que apesar da semelhança o substantivo *beef* em inglês é usado exclusivamente para se referir à carne bovina. A palavra que equivale a bife em inglês é *steak*. Confira o exemplo:

*Waiter: How would you like your steak, sir?*
Garçom: Como o sr. gostaria do seu bife?
*Joe: Well-done, please!*
Joe: Bem passado, por favor!

Aproveitando a deixa, os termos equivalentes em inglês a "malpassado" e "no ponto" são respectivamente *rare* e *medium*. Veja os exemplos contextualizados abaixo:

*"I'd like my steak medium, please", said Claire to the waitress.*
"Quero o meu bife no ponto, por favor", disse Claire à garçonete.

*"Let me check if I got your order right: a lettuce and tomato salad, a rare beef-steak with French fries and an orange juice, right?", the waiter asked Victor.*
"Deixe-me confirmar o seu pedido: uma salada de alface e tomate, um bife malpassado com batatas fritas e um suco de laranja, certo?", o garçom perguntou a Victor.

## Birita; bebida alcoólica

Como você já deve ter percebido, existem termos coloquiais para quase todos os contextos e eles estão presentes tanto em português como em inglês. É o caso de birita, *booze* em inglês.

*"Where's the booze?", Phil asked his friends as soon as he arrived at the party.*
"Onde está a birita?", Phil perguntou aos amigos assim que chegou à festa.

E já que estamos falando de birita, confira algumas outras palavras e expressões relativas a este contexto.

**To toast/toasted/toasted:** brindar
**Toast:** brinde

*"A toast to the newlyweds!", said Brian as he lifted his glass.*
"Um brinde aos noivos!", disse Brian ao erguer o copo.

**Cheers:** é a expressão usada ao se fazer um brinde: "saúde!"; "viva!".

**To clink/clinked/clinked:** equivale à expressão "fazer tim-tim", quando tocamos o copo de outra pessoa com o nosso copo, fazendo um pequeno barulho.

*"Cheers!", said Harry and his friends as they clinked their glasses together.*
"Saúde!", Harry e os amigos disseram ao fazer tim-tim.

**Tipsy:** levemente alcoolizado, "alegre".

**To get high:** ficar alto

*Sandy gets high very easily. One glass of wine is enough to make her feel tipsy.*
Sandy fica alta muito facilmente. Um copo de vinho é suficiente para fazê-la ficar alegre.

**On the rocks:** com gelo; *on the rocks*.

*"I'll have a shot of whisky on the rocks, please", said Harry.*
"Vou tomar uma dose de uísque com gelo, por favor", disse Harry.

**Straight:** puro; sem gelo; sem a mistura de qualquer outra bebida.

*"I'll have a straight vodka, please", Mike told the bartender.*
"Vou tomar uma vodka pura, por favor", Mike disse ao barman.

**Barfly:** pessoa que passa muito tempo em bares.

*"I had no idea Jake was a barfly.", Derek told his friends.*
"Não fazia ideia que o Jake ficava direto em bares." Derek disse aos amigos.

**To sip/sipped/sipped:** beber em pequenos goles; beber devagar.

*Tonny spends hours sipping his drink and talking to his buddies on Saturday evenings.*
Tonny passa horas tomando seu drinque devagar e conversando com os amigos nas noites de sábado.

Após tomar algumas biritas, há sempre o risco de se ter uma *hangover* (ressaca) no dia seguinte. Confira o exemplo abaixo:

*"I have such a bad hangover. I feel like puking", said Sean to his friends after he had drunk half a bottle of whisky alone.*
"Eu estou com uma ressaca tão grande. Sinto vontade de vomitar", Sean disse aos amigos depois de ter tomado meia garrafa de uísque sozinho.

★ **Veja também: barman p. 31 e loja de bebidas alcoólicas p. 120**

# Biscate

O termo coloquial "biscate", comumente usado para se referir a trabalho ou serviço ocasional, tem equivalência em inglês na expressão *odd job*. *Odd-job man* equivale a biscateiro. Veja o exemplo:

*Sarah: What does Peter do for a living?*
Sarah: O que o Peter faz?

*Rachel: Well, he doesn't really have a regular job. It seems that he does a few odd jobs now and then.*
Rachel: Bom, ele não tem exatamente um trabalho fixo. Parece que ele faz alguns biscates de vez em quando.

## Bitolado

Este é um adjetivo usual para se referir a pessoas que tem dificuldade em aceitar formas de pensar ou comportamentos diferentes dos seus. Em inglês, a forma adjetiva *narrow-minded* expressa a mesma ideia. Veja os exemplos:

*Some people are really narrow-minded and won't even listen to other people's opinions.*
Algumas pessoas são realmente bitoladas e nem sequer escutam a opinião de outras pessoas.

*Don't be such a narrow-minded person. Can't you think differently for a change?*
Não seja tão bitolado! Você não consegue pensar diferente para variar?

*I've had enough of Jeffrey's narrow-minded views.*
Já me cansei das opiniões bitoladas do Jeffrey.

*How can you be so narrow-minded?*
Como você pode ser tão bitolado?

## Boa sorte!

O termo usual para "boa sorte" é "*good luck!*". Para se desejar sorte a um artista antes de entrar em cena, usa-se a expressão "*break a leg*". Ela também aparece em outros contextos, como uma forma de brincadeira. Entre os artistas brasileiros de teatro, é comum usar a expressão "merda" no mesmo sentido. Confira os exemplos contextualizados abaixo:

*It's show time folks. Break a leg!*
Chegou a hora do show pessoal. Boa sorte!

*I was told you have a job interview tomorrow. Well, what can I say to you? Break a leg!*
Me disseram que você tem uma entrevista de emprego amanhã. Bem, o que eu posso te dizer? Boa sorte!

## Bobagem; besteira; mentira

A expressão coloquial equivalente em inglês é *bullshit*. A abreviação *BS* também é bastante usual.

*If I were you I wouldn't worry. Most of what he says is just bullshit.*
Se eu fosse você, não me preocuparia. A maioria das coisas que ele diz é besteira.

*He came up with some excuse, but it was all BS really.*
Ele veio com uma desculpa, mas era tudo mentira.

## Bom astral

Uma boa maneira de expressar esta ideia é usar o termo coloquial *good vibes*. Para expressar a ideia contrária, ou seja, mau astral, basta trocar *good* por *bad*: *bad vibes*. Confira os exemplos contextualizados abaixo:

*I love to go there. That place has good vibes.*
Adoro ir lá. Aquele lugar tem bom astral.

*We felt the bad vibes of the night club as soon as we walked in.*
Sentimos o mau astral da boate assim que entramos.

## Bom de cama

A expressão coloquial equivalente em inglês é *good lay*. Confira o exemplo a seguir:

*So tell me, Rick: is she a good lay or not?*
Então me conta, Rick: ela é boa de cama ou não?

★ **Veja também: beijo de língua p. 33; bem-dotado p. 34; boquete p. 41; consolo p. 63; ménage à trois p. 124; preliminares p. 150; rapidinha p. 158**

## Boquete; chupeta; sexo oral

Também existe em inglês um termo coloquial muito comum para este caso: *blowjob*. Confira o exemplo:

*Sheila gave her boyfriend a really good blowjob.*
Sheila fez um belo boquete no namorado.

★ **Veja também: beijo de língua p. 33; bem-dotado p. 34; consolo p. 63; ménage à trois p. 124; preliminares p. 150; rapidinha p. 158**

## Braço de ferro

Em inglês se diz *arm wrestling*. Existe também o verbo *to arm wrestle*. Confira os exemplos abaixo:

*Todd is definitely the best at arm wrestling. No one has beat him so far.*
Todd é sem dúvida o melhor no braço de ferro. Ninguém ganhou dele ainda.

*Nick wouldn't stand a chance if he were to arm wrestle Josh.*
Nick não teria a mínima chance se disputasse um braço de ferro com o Josh.

## Braguilha

Além de significar mosca, o substantivo *fly* é usado em inglês para se referir à abertura na parte dianteira das calças, fechada por zíper ou botões. Ou seja, braguilha. Veja o exemplo abaixo:

*"Hey Luke, your fly's undone!", said Ted to his friend as they were just about to leave the restroom.*
"Ei Luke, o zíper está aberto!", disse Ted ao amigo quando estavam quase saindo do banheiro.

## Brechó

Para se referir à loja que vende roupas usadas em inglês, diga *thrift store* ou *thrift shop*. Confira o exemplo abaixo:

*Maggy can always find interesting things at thrift stores.*
Maggy sempre encontra coisas interessantes em brechós.

## Breu

Duas expressões são usadas em inglês neste contexto: *pitch-dark* ou *pitch-black*. Confira os exemplos:

*It was pitch-dark when I got there. I couldn't see a thing.*
Estava um breu quando cheguei lá. Não dava pra ver nada.

*Do you have a flashlight? It's pitch-black here, man!*
Você tem uma lanterna? Está um breu aqui, cara!

## Brinde

Se o contexto for o ato de beber à saúde de alguém ou em homenagem a um acontecimento ou data importante, a palavra adequada em inglês é *toast*. Já se estivermos falando de um presente promocional, a palavra equivalente em inglês é *freebie*. Confira os exemplos:

> *"Let's all drink a toast to the newlyweds!", said Brian as he raised his glass.*
> "Vamos todos fazer um brinde aos recém-casados!, disse Brian ao levantar o copo.

> *I didn't pay a cent for this city map. It was a freebie!*
> Não paguei um centavo por este mapa da cidade. Foi brinde!

> *They were handing out some cool freebies to promote the new store downtown.*
> Eles estavam dando uns brindes legais para promover a loja nova na cidade.

O termo *freebie* também pode ser usado na forma adjetiva para se referir a algo gratuito.

> *Will got a freebie trip to San Francisco.*
> Will ganhou uma viagem gratuita para São Francisco.

## Brinquedo em parque de diversão

Quando precisar se referir a um brinquedo em parque de diversão (*amusement park*) prefira o termo *ride*. Veja os exemplos abaixo:

*The rollercoaster is one of the most exciting rides.*
A montanha-russa é um dos brinquedos mais emocionantes.

*Billy's favorite ride is the Ferris wheel.*
O brinquedo favorito do Billy é a roda gigante.

*The have all kinds of rides at big amusement parks.*
Eles têm todos os tipos de brinquedo em parques de diversão grandes.

Lembre-se que a palavra *toy* é usada para referir-se a brinquedo de uma forma geral. Confira os exemplos:

*"It's bedtime. Let's put your toys away now, dear", Bob's mother told him.*
"Tá na hora de dormir. Vamos guardar seus brinquedos, querido", a mãe de Bob disse a ele.

*Sammy loves playing with his toy soldiers.*
Sammy adora brincar com seus soldadinhos de brinquedo.

★ **Veja também: roda-gigante p. 160**

## Bugiganga

Uma boa palavra em inglês para se referir aos pequenos objetos de decoração ou outros ornamentos é *knickknack*. Confira os exemplos abaixo:

*Jane loves to buy all kinds of knickknacks whenever she travels abroad.*
Jane adora comprar todos os tipos de bugiganga sempre que viaja ao exterior.

*Mary's house is packed with all sorts of knickknacks.*
A casa da Mary é repleta de todo tipo de bugiganga.

## Caçamba

Nos Estados Unidos a palavra usada é *dumpster*, que é inclusive uma marca registrada. O termo equivalente na Inglaterra é *skip*. Veja o exemplo abaixo:

> *A dumpster is a large metal container into which people put garbage or building waste.*
> Uma caçamba é um contêiner grande de metal no qual as pessoas colocam lixo ou restos de obra.

★ **Veja também: entulho p. 88**

## Caça-níqueis

Sempre presentes nos cassinos — atente para o fato que em inglês *casino* tem apenas um "s" — os caça-níqueis são conhecidos nos países de língua inglesa por *slot machine*, termo formado a partir da combinação do substantivo *slot*, que significa fenda, onde são colocadas as moedas, e *machine*, máquina. Na Inglaterra também se usa a expressão *fruit machine*.

> *The casino was packed with slot machines of all kinds.*
> O cassino estava lotado de caça-níqueis de todos os tipos.

Atenção ao empregar o verbo em inglês que descreve o que as pessoas fazem em um cassino. Enquanto em português usamos o verbo jogar em qualquer contexto, em inglês há um verbo específico para cada situação. Dessa forma, o verbo *to play* é aplicado quando nos referimos a esportes, (*play volleyball*; *play tennis* etc.); o verbo *to throw* é usado com o significado de atirar, lançar, como é o caso de *throw stones at*, (jogar pedras em); e o verbo *to gamble* é o verbo adequado quando o contexto for jogar em cassinos. Confira o exemplo abaixo:

*People from all over the world go to the Vegas casinos to gamble.*
Pessoas do mundo inteiro vão aos cassinos de Las Vegas jogar.

## Cãibra

Podemos usar a palavra *cramp* ou a expressão *charley horse*, que é normalmente empregada para se referir a cãibra na coxa ou perna.

*Jeff got a cramp from cycling too long.*
O Jeff ficou com cãibra de andar muito tempo de bicicleta.

*I sometimes get a cramp when I swim a lot.*
Quando eu nado muito, às vezes fico com cãibra.

*Hiking in the woods gave Stuart a charley horse.*
Fazer trilha no bosque deu uma cãibra no Stuart.

## Caipira

Se a ideia for fazer referência ao homem da roça ou zona rural podemos dizer em inglês *countryman*. Ocorre que o termo caipira é também muitas vezes usado de uma maneira ofensiva, como sinônimo de ignorante, neste caso duas palavras equivalentes em inglês são *hillbilly* ou *hick*. Confira os exemplos:

*The word hillbilly is used to refer to someone who is from a rural area, often with the connotation of a lack of knowledge and sophistication.*

A palavra caipira é usada para se referir a alguém proveniente da zona rural, frequentemente com a conotação de falta de conhecimento e sofisticação.

*Joe got pissed off when Andy called him a hick.*
Joe ficou p. da vida quando Andy o chamou de caipira.

## Caixa-preta

Embora também seja conhecida em inglês por *black box*, o dispositivo que registra os dados de voo de uma aeronave é normalmente chamado de *flight recorder*. Na verdade, ele tem cor laranja ou vermelha para facilitar a localização em caso de acidente.

*Flight recorders are often used to determine the cause of a crash.*
As caixas-pretas costumam ser usadas para determinar a causa de um acidente.

## Camisinha; preservativo

Cuidado com a palavra *preservative* em inglês. Ela nem de longe significa preservativo. A definição do substantivo *preservative* em inglês é "*chemical substance used to prevent food from decaying*" (substância química usada para evitar que comida se estrague), ou seja, equivale no Brasil a conservante. Quando quiser fazer referência ao contraceptivo ou preservativo, diga *condom*. Mas é importante que você conheça o termo coloquial muito usado que equivale em português à camisinha. Os americanos dizem *rubber*, ou seja, literalmente, "borracha". Faz sentido, não?

*The use of condoms is a safe way to avoid VD**
O uso de preservativos é uma forma segura de evitar doenças venéreas.

* *venereal disease*

*"Don't take any chances. Make sure you wear a rubber!", said Roger to a friend.*
"Não corra riscos. Use sempre camisinha!", disse Roger a um amigo.

Uma outra curiosidade sobre o assunto é que na Inglaterra usa-se o termo *Durex*, que nada tem a ver com a fita adesiva usada no Brasil. Trata-se na verdade de uma marca registrada de preservativo. Assim como gilete passou a designar no Brasil qualquer lâmina de barbear, o termo *Durex* é empregado na Inglaterra como sinônimo de camisinha.

*In England you can buy Durex at the chemist's and from vending machines.*
Na Inglaterra, podem-se comprar preservativos em farmácias e em máquinas automáticas de venda.

★ **Veja também: durex p. 79**

## Canal da Mancha

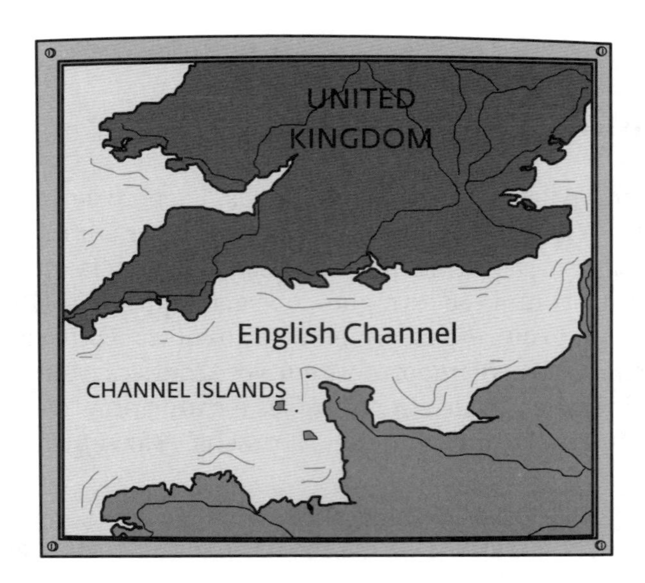


O canal da Mancha é um braço do oceano Atlântico, com 565 quilômetros de comprimento, que fica entre o norte da França e o sul da Inglaterra. É conhecido nos países de língua inglesa por *English Channel*.

Confira o exemplo:

> *The "chunnel", a rail tunnel beneath the English Channel that connects England and France, was opened in 1994.*
> O "*chunnel*", um túnel ferroviário debaixo do Canal da Mancha que liga a Inglaterra à França, foi aberto em 1994.

## Cantadas

Usadas na grande maioria da vezes por homens que querem iniciar uma conversa com alguém interessante do sexo oposto, é possível encontrar *pick-up lines* (cantadas) bastante criativas através dos *search engines* (sites de busca). Quer ver uma pequena seleção?

> *Excuse me, can you empty your pockets? I believe you have stolen my heart.*
> Com licença, você pode esvaziar os seus bolsos? Acho que você roubou meu coração.
>
> *Are you accepting applications for your fan club?*
> Você está aceitando novos membros no seu fã-clube?
>
> *There is something wrong with my cell phone. It doesn't have your number in it.*
> Há algo errado com o meu celular. Ele não tem o seu número.
>
> *I think I can die happy now, cause I've just seen a piece of heaven.*
> Acho que posso morrer feliz, agora que acabei de ver um pouco do paraíso.
>
> *I hope you know CPR, cause you take my breath away!*
> Espero que você saiba respiração boca a boca, porque você me deixa sem fôlego!
>
> *You look a lot like my next girlfriend!*
> Você parece muito com a minha próxima namorada!
>
> *You've made me so nervous that I've totally forgotten my standard pick-up line.*
> Você me deixou tão nervoso que eu esqueci completamente a minha cantada usual.

Agora mais um exemplo com a expressão *pick-up line*:

*"I can't believe Greg can still get women into bed by using the same old pick-up lines!", said Tony to his friends.*
"Não acredito que o Greg ainda consegue levar mulheres para a cama usando as mesmas velhas cantadas!", disse Tony aos amigos.

Informalmente pode-se também usar apenas a palavra *line* para referir-se a uma cantada. Veja o exemplo abaixo.

*"I never thought I'd fall for a line like that!", Kim told Jane.*
"Nunca pensei que cairia numa cantada como aquela!", Kim disse a Jane.

## Cara-metade

A expressão equivalente em inglês é *better half*. Confira o exemplo abaixo:

*A person's spouse or lover is sometimes informally called better half.*
O cônjuge ou amante de uma pessoa é às vezes chamado informalmente de cara-metade.

## Caroços de frutas

Existem duas maneiras de se referir a caroços de fruta. Se ele for pequeno, como por exemplo o caroço da melancia ou da maçã, diga *pip*. Já se o caroço for grande, como é o caso do caroço do abacate e o do pêssego, utilize a palavra *stone*. Confira os exemplos abaixo:

*The small seed of a fruit, such as an apple's or orange's, is called pip.*
A pequena semente de uma fruta, como a de uma maçã ou laranja, é chamada *pip*.

*Cherries, peaches, and avocados contain stones.*
Cerejas, pêssegos e abacates tem caroço.

*"According to the recipe, we should remove the stones from the prunes before cooking them.", said Maggy to a friend.*
"De acordo com a receita, nós devemos tirar os caroços das ameixas antes de cozinhá-las", disse Maggy à amiga.

Já quando o contexto for um caroço encontrado no corpo, a palavra apropriada em inglês é *lump*. Veja o exemplo abaixo.

*"I've noticed a lump in my neck", said Terry to the doctor during the medical appointment.*
"Notei um caroço no meu pescoço", disse Terry ao médico durante a consulta médica.

## Carro alegórico

O termo que expressa esta ideia em inglês é *float*. Veja o exemplo abaixo:

*Floats are large vehicles decorated and used in parades, such as in Carnival.*
Os carros alegóricos são grandes veículos decorados e usados em desfiles, como o Carnaval.

## Carro blindado

O equivalente em inglês é *bulletproof car*, literalmente um carro à prova de balas. O termo *armored car* também é usado neste contexto. Veja o exemplo.

*Bulletproof cars are becoming increasingly common these days.*
Os carros blindados estão se tornando cada vez mais comuns hoje em dia.

★ **Veja também carro-forte p. 52**

## Carro-forte

Para se referir ao veículo blindado usado para transporte de grande quantidade de dinheiro ou valores, diga *armored car* em inglês. Confira o exemplo:

*Armored cars are normally used to transport money and other valuables.*
Os carros-fortes costumam ser usados para transportar dinheiro e outros objetos de valor.

★ **Veja também carro blindado p. 51**

## Casa da Moeda

Quando quiser se referir ao lugar onde as novas moedas e cédulas de um país são fabricadas, use a palavra *mint* em inglês. Confira o exemplo:

*The Mint is the place where the new coins and paper money of a country are made, under government control.*
A Casa da Moeda é o lugar onde as novas moedas e cédulas de um país são feitas, sob controle do governo.

## Casa mal-assombrada

O termo correspondente em inglês é *haunted house*, formado a partir do verbo regular *to haunt/haunted/haunted* (assombrar).

*Come on Mick, only babies believe in haunted houses!*
Que é isso Mick, só bebês acreditam em casas mal-assombradas!

## Casamento de fachada

A expressão corrente em inglês é *sham marriage*. Veja as frases contextualizadas abaixo:

*Some men maintain a sham marriage to cover up the fact that they are gay.*
Alguns homens mantêm um casamento de fachada para encobrir o fato de serem gays.

*Their sham marriage was arranged so that Juan could gain legal status as an immigrant.*
O casamento de fachada deles foi arranjado de tal forma que Juan pudesse ter status legal como imigrante.

★ **Veja também: pedir em casamento p. 144; subir ao altar p. 174**

## Cascas

Se o contexto for casca de fruta ou legumes, use o substantivo *peel*. No caso de casca de ovo ou nozes, diga *shell*. O termo específico para casca de árvore é *bark*. E por último, quando quiser dizer casca de ferida, diga *scab*. Confira os exemplos:

*The lemon mousse was decorated with strips of lemon peel.*
O musse de limão estava decorado com tiras de casca de limão.

*The outer covering of an egg or nut is called shell.*
A cobertura exterior de um ovo ou noz é chamada de casca.

*The hard outer layer of a tree is called "bark" in English.*
A camada exterior dura de uma árvore é chamada em inglês de "*bark*".

*If you want your wound to heal quickly, avoid scratching the scab.*
Se você quer que a sua ferida sare logo, evite coçar a casquinha.

## Caso perdido; sem salvação; "homem morto"

A expressão em inglês na medida certa para este contexto é *goner*. Confira os exemplos:

*This plan had better work. I'm a goner if it flops!"*
É melhor este plano funcionar. Eu sou um homem morto se ele falhar!

*Remember that if you screw up again, you're a goner!*
Lembre-se que se você pisar na bola de novo, você é um homem morto!

## Castanha-do-pará

Tipicamente brasileira, a castanha-do-pará é conhecida nos países de língua inglesa por *Brazil nut*.

*Brazil nuts are called "chestnuts from Pará" in Brazil.*
Brazil nuts são chamadas de castanhas-do-pará no Brasil.

*Brazil nuts are appreciated all over the world.*
As castanhas-do-pará são apreciadas no mundo inteiro.

## Cavanhaque

Em inglês a palavra *goatee* (cavanhaque) tem origem na semelhança com a barba de um *goat* (bode). Veja o exemplo:

*Barry looks a lot younger since he shaved off his goatee.*
Barry parece muito mais jovem desde que raspou o cavanhaque.

★ **Veja também: costeleta p. 65; deixar a barba (crescer) p. 73**

## Cê-cê; catinga

Não são apenas os brasileiros que, inventivos por natureza, criam expressões tão coloquiais como cê-cê. Aliás, você já atentou ao fato de que o termo cê-cê tem origem na abreviação de **c**heiro de **c**orpo? O mesmo ocorre com a expressão BO em inglês, que vem de *body odor* (cheiro de corpo). Veja os exemplos contextualizados abaixo:

*Ick!, you stink of BO. When did you last take a shower?*
Urgh! você está cheirando cê-cê. Quando foi a última vez que tomou banho?

*I can't stand the BO in this room! Open the window, for Christ sake!*
Não aguento o cheiro de cê-cê nesta sala! Abra a janela, pelo amor de Deus!

## CEP (código de endereçamento postal)

O equivalente a CEP nos Estados Unidos é *ZIP code*, onde ZIP é a abreviação de *Zone Improvement Plan*. Já na Inglaterra, usa-se o termo *postcode*. Confira os exemplos abaixo:

*I need your full address with your ZIP code please.*
Preciso do seu endereço completo com o CEP por favor.

*What's the postcode where you live sir?*
Qual é o CEP de onde o sr. mora?

## Certeza absoluta

Uma maneira bastante usual de dizer em inglês que se tem certeza absoluta de alguma coisa é através da frase "*I'm positive*". Confira o exemplo contextualizado abaixo:

*Claire: Are you sure it was Frank you saw downtown this morning?*
Claire: Você tem certeza que foi o Frank que você viu na cidade hoje de manhã?
*Melissa: I'm positive!*
Melissa: Certeza absoluta!

## Cesariana

Em inglês americano: *cesarean section*, *cesarean* ou informalmente *c-section*. Na Inglaterra usa-se a grafia *caesarean*. Há várias hipóteses para o nome do procedimento. Uma delas é a estória em que um ancestral de Júlio César teria nascido de cesariana. Confira os exemplos:

*According to the World Health Organization, the rate of cesarean sections should not exceed 15% in any country.*
De acordo com a Organização Mundial da Saúde, a taxa de cesarianas não deve exceder 15% em qualquer país.

*A c-section is usually performed when a vaginal delivery would put the baby's or mother's life or health at risk.*
As cesarianas costumam ser feitas quando um parto normal possa por em risco a vida ou saúde do bebê ou da mãe.

*Mary gave birth to twins this morning. She had a cesarean.*
Mary deu à luz gêmeos esta manhã. Ela fez uma cesariana.

★ **Veja também: dar à luz p. 69; parto; parto normal p. 140; primogênito p. 151; trabalho de parto p. 181**

## Chega!

Uma expressão ideal em inglês para quando quiser dar um basta é "*enough is enough!*". Confira os exemplos:

*I don't want to talk about that subject anymore. Enough is enough!*
Não quero mais falar sobre esse assunto. Chega!

*I'm sick and tired of Grace's arrogant behavior. Enough is enough!*
Estou de saco cheio do comportamento arrogante da Grace. Chega!

## Chinelo de dedos

Este tipo de chinelo é chamado em inglês de *flip-flop* ou *thong*.

*Keith loves wearing flip-flops in the summer.*
Keith adora usar chinelo de dedos no verão.

## Chorão

O termo coloquial *crybaby* é usado em inglês para se referir a alguém que está sempre reclamando. Confira os exemplos abaixo:

*Fred is such a crybaby! He's always whining about everything.*
O Fred é tão chorão! Ele está sempre reclamando de tudo.

*Don't be such a crybaby! You are not the only one who has to get up early.*
Não seja tão chorão! Você não é o único que tem que acordar cedo.

## Ciclovia

Nos Estados Unidos as ciclovias são conhecidas por *bicycle lanes*, ou simplesmente *bike lanes*. Já na Inglaterra, são chamadas de *cycle lanes*. Confira o exemplo:

*Many people would ride their bikes to work if there were proper bike lanes.*
Muitas pessoas iriam ao trabalho de bicicleta se houvesse ciclovias apropriadas.

## Claraboia

Quando precisar se referir em inglês à abertura envidraçada no teto de casas ou prédios para a passagem de luz use a palavra *skylight*, que faz todo o sentido, não é mesmo?

*Thanks to the skylight the living room is much brighter.*
Graças à claraboia a sala de estar é muito mais clara.

*They are thinking of putting in a skylight to make the attic brighter.*
Eles estão pensando em colocar uma claraboia para deixar o sótão mais claro.

## Cofrinho

É interessante observar como cada idioma possui a sua forma característica de se referir a objetos, é o caso da palavra cofrinho, cujo equivalente em inglês é *piggy bank*. Veja o exemplo abaixo:

*Jimmy keeps his coins in a piggy bank.*
Jimmy guarda suas moedas em um cofrinho.

## Coisas

É claro que você conhece a palavra *things*. Mas é importante lembrar que o termo informal *stuff* é muito empregado no dia a dia pelos falantes nativos de inglês para se referir a praticamente tudo, ou seja, quaisquer "coisas". Veja alguns exemplos abaixo:

*I left my stuff in the locker. I need to go back there to get them.*
Deixei minhas coisas no armário. Preciso voltar lá para pegá-las.

*Do you need help moving your stuff to your new house?*
Você precisa de ajuda para mudar suas coisas para a casa nova?

*Can I leave my stuff here?*
Posso deixar minhas coisas aqui?

## Colapso nervoso

O termo correspondente em inglês é *nervous breakdown*, ou simplesmente *breakdown*, quando o contexto já estiver explícito.

*"Did you know Fred suffered a nervous breakdown in his early forties?", Sheila asked Heather.*
"Você sabia que Fred teve um colapso nervoso quando tinha quarenta e poucos anos?", Sheila perguntou a Heather.

*"If you keep working under so much pressure you might end up having a breakdown", said Chuck to his friend.*
"Se você continuar a trabalhar sob tanta pressão pode acabar tendo um colapso nervoso", disse Chuck ao amigo.

## Colarinho

Para se referir à camada de espuma na parte superior de um copo de cerveja ou chope diga *head of foam*, ou simplesmente *head*, quando o contexto já estiver definido. Veja os exemplos:

*Simon likes his beer with a large head of foam.*
Simon gosta de cerveja com bastante colarinho.

*The layer of white foam on top of beer is called head.*
A camada de espuma branca na parte de cima da cerveja é chamada de colarinho.

Quando o contexto for colarinho de camisa use a palavra *collar*, que curiosamente também significa coleira de cachorro. Veja os exemplos abaixo:

*Neil loosened his collar and sat back in the armchair, trying to relax.*
Neil afrouxou o colarinho e se espreguiçou na poltrona, tentando relaxar.

*Cindy grabbed her dog by the collar and dragged it out of the kitchen.*
Cindy agarrou seu cachorro pela coleira e o arrastou para fora da cozinha.

## Coletes

Os americanos usam a palavra *vest* para se referir ao item de vestuário, que na Inglaterra é conhecido por *waistcoat*.

*Norman was wearing jeans, a white shirt and a green vest.*
Norman estava usando jeans, uma camisa branca e um colete verde.

Quando o objeto for um colete salva-vidas, a palavra apropriada em inglês é *life jacket* ou *life vest*. Se precisar se referir a um colete à prova de balas, diga *bulletproof vest*. Veja os exemplos a seguir:

*"There are life jackets for everyone aboard the ship", the tour guide told the tourists.*
"Há coletes salva-vidas para todos a bordo do navio", o guia da excursão disse aos turistas.

*Thanks to the bulletproof vest the cop came out of the gunfight unharmed.*
Graças ao colete à prova de balas o policial saiu ileso do tiroteio.

*Policemen sometimes use bulletproof vests for protection.*
Os policiais às vezes usam coletes à prova de bala para se protegerem.

## Colocar na cama; colocar para dormir

Uma forma bastante usual de expressar esta ideia em inglês é através do phrasal verb *to tuck in/tucked in/tucked in*, que descreve a ação de colocar na cama, especialmente crianças, ajeitando-as e cobrindo-as. Confira o exemplo:

*Mary tucked in her young daughter and turned off the light.*
Mary colocou a filha pequena na cama e apagou a luz.

## Como é que é?

Esta forma coloquial de pedir para alguém repetir algo que não se entendeu direito tem sua equivalência em inglês na expressão *come again?*. Veja o exemplo:

*"Come again? I didn't quite hear what you said.", Chuck asked Denise.*
"Como é que é? Eu não ouvi direito o que você disse.", Chuck perguntou a Denise.

## Comover; comovente

O verbo regular *to touch/touched/touched* tem o significado mais usual de tocar, no sentido de colocar as mãos em algo. Mas também é usado quando a ideia for comover, emocionar. A forma adjetiva *touching* também é empregada com o significado de comovente.

> *"I was really touched by the movie. To tell you the truth, I nearly cried", said Nina to her friends.*
> "Fiquei muito comovida com o filme. Pra dizer a verdade, eu quase chorei", disse Nina às amigas.

> *Professor Dwight's farewell speech was really touching. I saw many people in the audience holding back their tears.*
> O discurso de despedida do Professor Dwight foi bastante comovente. Vi muitos na plateia contendo as lágrimas.

## Comparsa

Assim como em português, o substantivo *accomplice* (comparsa) costuma ser usado de forma pejorativa para se referir a alguém que ajuda outra pessoa a fazer algo moralmente errado ou ilegal. Confira os exemplos:

> *The word accomplice is used to refer to a person who helps someone else to commit a crime or to do something morally wrong.*
> A palavra comparsa é usada para se referir a uma pessoa que ajuda alguém a cometer um crime ou fazer algo moralmente errado.

> *The counterfeiter and his accomplice have not been tracked down yet.*
> O falsário e seu comparsa ainda não foram localizados.

## Complexo

Além de podermos usar a palavra *complex*, como no caso da expressão *inferiority complex* (complexo de inferioridade), também é bastante usual nesse contexto o termo *hang-up*. Confira os exemplos:

> *"Alice should try and get over those stupid hang-ups of hers. Maybe she should see a shrink", said Maggy to her friends.*

“Alice devia tentar superar esses complexos bobos dela. Talvez ela devesse ir a um psicanalista”, disse Maggy para as amigas.

*Harry has a terrible hang-up about the fact that he is bald.*
Harry tem um complexo muito grande pelo fato de ser careca.

## Consolo

A palavra correspondente em inglês é *consolation*. Há inclusive o termo *consolation prize* (prêmio de consolo). Veja o exemplo abaixo:

*The consolation prize offered to all the contestants was enough to make them happy.*
O prêmio de consolo oferecido a todos os participantes foi suficiente para deixá-los felizes.

Não devemos esquecer, contudo, que a palavra consolo também pode ser empregada em português como sinônimo de objeto com formato de um pênis ereto, usado para estimulação e prazer sexual. Neste contexto específico, o termo correspondente em inglês é *dildo*. Confira o exemplo abaixo:

*They have all kinds of dildos at sex shops.*
Eles tem todos os tipos de consolos nas *sex shops*.

★ **Veja também: beijo de língua p. 33; bem-dotado p. 34; bom de cama p. 40; boquete p. 41; ménage à trois p. 124; preliminares p. 150; rapidinha p. 158**

## Conter as lágrimas

Em inglês se diz *hold back one's tears*. Observe o uso do phrasal verb *to hold back/held back/held back*. Veja o exemplo:

*Andy was so moved by the sad story that he coudn't hold back his tears.*
Andy ficou tão comovido com a triste estória que não conseguiu conter as lágrimas.

## Contratempo

Para expressar essa ideia use o substantivo *setback*, formada a partir do phrasal verb *to set back/set back/set back*. Veja os exemplos:

*A series of setbacks held back the project, but the new building will finally be inaugurated in a few days.*
Uma série de contratempos atrasou o projeto, mas o novo prédio será finalmente inaugurado em poucos dias.

*We had a slight setback in our plans.*
Tivemos um pequeno contratempo em nosso planos.

## Cooper

Muitas pessoas acreditam que a palavra *cooper*, incorporada ao português, signifique corrida. Na verdade o termo "*cooper*" tem origem no nome do médico americano dr. Kenneth Cooper, que recomendava a corrida como uma das melhores maneiras de manter-se em forma e saudável. A expressão equivalente a "fazer cooper" em inglês é *go jogging* ou *go running*. Veja os exemplos:

*Nick goes jogging for thirty minutes every morning.*
Nick corre trinta minutos todas as manhãs.

*"I don't like to go running. I find it boring. I prefer to play sports", said Dave to a coworker.*
"Não gosto de correr. Eu acho um tédio. Prefiro praticar esportes.", disse Dave a um colega de trabalho.

★ **Veja também: barman p. 31; em "off" p. 84; outdoor p. 136; shopping p. 165; smoking p. 170 e trailer p. 181**

## Coroinha

Para situar com clareza o contexto, refiro-me aqui ao garoto que auxilia um padre católico durante a missa. O termo em inglês é fácil de guardar: *altar boy*, literalmente o "garoto do altar".

*Henry was an altar boy when he was fifteen.*
Henry foi coroinha quando tinha quinze anos.

★ **Veja também: banco de igreja p. 30; casamento de fachada p. 53; pedir em casamento p. 144; subir ao altar p. 174**

## Costeleta

A faixa de barba que alguns homens deixam crescer de cada lado do rosto é chamada em inglês de *sideburns*.

*James' bushy sideburns are his trademark.*
As costeletas cerradas do James são sua marca registrada.

Quando o contexto for costeleta de porco, o termo correspondente em inglês é *pork chops*.

*We had salad and pork chops for lunch today.*
Almoçamos salada e costeleta de porco hoje.

★ **Veja também cavanhaque p. 54; deixar a barba (crescer) p. 73**

## Covinha

Para se referir à pequena depressão natural no rosto ou no queixo de uma pessoa usa-se em inglês a palavra *dimple*. Veja os exemplos:

*Lenny's dimples appear every time he smiles.*
As covinhas do Lenny aparecem todas as vezes que ele sorri.

*Fred has a dimple in his chin.*
Fred tem uma covinha no queixo.

## Crime do colarinho branco

Neste caso a expressão em inglês é uma tradução literal: *white-collar crime*. Veja o exemplo:

*Fraud, embezzlement and other nonviolent lawbreaking acts are examples of white-collar crime.*
Fraude, desfalque e outros atos não violentos que infringem a lei são exemplos de crime do colarinho branco.

## Cueca samba-canção

Este tipo de cueca folgada e confortável é conhecido em inglês por *boxers* ou *boxer shorts*.

*I just love wearing boxers. They are so comfortable!*
Adoro usar cuecas samba-canção. Elas são tão confortáveis!

## Cumprir um prazo

Em inglês usamos a expressão *meet a deadline*. Observe que neste caso o verbo irregular *to meet/met/met* foge ao seu significado corriqueiro que é "encontrar-se com alguém; conhecer alguém". Confira os exemplos.

*"I'm afraid we won't be able to meet the deadline. We need some more time for that project", said Bill at the meeting.*
"Temo que não conseguiremos cumprir o prazo. Precisamos de mais algum tempo para finalizar o projeto", disse Bill na reunião.

*"The way things are going we'll have to work overtime to meet the deadline", said Leo to a coworker.*
"Da forma como as coisas estão caminhando teremos que fazer hora extra para cumprir o prazo", disse Leo a um colega de trabalho.

## Custar os olhos da cara; custar uma fortuna

A expressão coloquial equivalente em inglês é *cost an arm and a leg*. Confira os exemplos abaixo:

*The trip to Hawaii cost Jim an arm and a leg.*
A viagem ao Havaí custou ao Jim uma fortuna.

*These theater tickets cost us an arm and a leg.*
Estes ingressos de teatro nos custaram os olhos da cara.

## Da hora; maneiro; demais; animal; bárbaro; fantástico; muito legal

Além de adjetivos como *cool* (legal, descolado); *great* (ótimo); *terrific* (bárbaro, sensacional, fantástico); *super* (ótimo, legal) e outros, o temo informal *awesome* é muito usado em inglês americano nestes contextos. Veja os exemplos:

*Your new skateboard is awesome. Where did you get it?*
Seu novo skate é da hora. Onde você comprou?

*"The first three tracks on this CD are totally awesome", said Dave.*
"As primeiras três faixas deste CD são fantásticas", disse Dave.

*Gary's new motorcycle is awesome. Have you seen it yet?*
A moto nova do Gary é animal. Você já a viu?

*"Jane looked awesome in that black dress", said Clint to his friends.*
"Jane estava demais naquele vestido preto", disse Clint aos amigos.

## Daltônico

O adjetivo *colorblind* é usado em inglês para se referir às pessoas que são parcialmente ou completamente incapazes de distinguir certas cores, especialmente o vermelho e o verde. Veja os exemplos:

*Colorblind people are partially or totally unable to distinguish certain colors.*
As pessoas daltônicas são parcialmente ou completamente incapazes de distinguir certas cores.

*People who are colorblind usually cannot distinguish red from green.*
As pessoas que são daltônicas geralmente não conseguem distinguir o vermelho do verde.

## Dar à luz

Em inglês usa-se a expressão *give birth to*. Veja o exemplo:

*Rose gave birth to twins this morning.*
Rose deu à luz gêmeos esta manhã.

★ **Veja também: cesariana p. 56; parto; parto normal p. 140; primogênito p. 151; trabalho de parto p. 181**

## Dar asas à imaginação

A expressão equivalente em inglês é *let one's imagination go wild*.

*Have you read Terry's essay? Wow! He did let his imagination go wild when he wrote it.*
Você viu a redação do Terry? Puxa! Ele realmente deu asas à imaginação quando a escreveu.

## Dar lembranças a...

Podemos dizer em inglês *give my regards to* ou então *send my regards to*. Veja os exemplos:

*Please give my regards to Jack if you see him.*
Por favor dê lembranças ao Jack se você o vir.

*Send my regards to Helen, I haven't seen her in a long time.*
Dê lembranças à Helen, faz tempo que não a vejo.

## Dar o sinal verde

Esta é mais uma expressão informal usada em português que tem correspondência literal no idioma inglês: *give the green light*. Veja o exemplo:

*We'll get started on the project as soon as they give us the green light.*
Vamos dar início ao projeto assim que nos derem o sinal verde.

## Dar um jeito

Duas expressões usuais que transmitem esta ideia em inglês são *work something out* e *find a way*. Confira os exemplos:

*Don't worry about that! I'm sure we can work something out.*
Não se preocupe com isso! Tenho certeza que podemos dar um jeito.

*"I need to find a way to make more money", said Bill to a friend.*
"Preciso dar um jeito de ganhar mais dinheiro", disse Bill a um amigo.

## Dar um tapa na cara de alguém

O verbo regular *to slap/slapped/slapped* significa dar um tapa, bofetada ou palmada com a mão aberta, logo temos a expressão: *slap someone's face*. Confira os exemplos:

*We were all surprised when Melanie slapped her boyfriend's face in front of everyone.*
Ficamos todos surpresos quando Melanie deu um tapa na cara do namorado na frente de todo mundo.

*"I was so angry I could have slapped his face!", said Malcom to his friends.*
"Eu estava tão bravo que podia ter dado um tapa na cara dele!", disse Malcom aos amigos.

## Dar vista para

O phrasal verb *look out on* é usado neste contexto. Veja o exemplo:

*Cindy's house looks out on the beach.*
A casa da Cindy dá vista para a praia.

## De graça; super barato

As expressões coloquiais *dirt cheap* e *be a steal* são bastante usadas neste contexto. Veja os exemplos abaixo:

*They have a great sale at Macy's this week. I got these sneakers dirt cheap.*
Eles estão com uma liquidação ótima esta semana na Macy's. Comprei este tênis de graça.

*It would be a steal to buy that car for two thousand dollars. Are you sure that's the price?*
Seria superbarato comprar aquele carro por dois mil dólares. Você tem certeza que esse é o preço?

*The house they bought may need some repairs, but it sure was dirt cheap.*
A casa que eles compraram talvez precise de alguns reparos, mas foi mesmo de graça.

★ **Veja também: pechinchar p. 142**

## De jeito nenhum!; de jeito maneira!

A expressão comum nestes casos é *no way!* Confira os exemplos:

*First Bob borrowed my car, now he's asking me to lend him one grand. No way!*
Primeiro o Bob pegou meu carro emprestado, agora ele está me pedindo emprestado mil dólares. De jeito nenhum!

*The service at that restaurant is awful. We'll never go back there. No way!*
O serviço naquele restaurante é horrível. Nunca mais iremos lá. De jeito nenhum!

## Decolar; tornar-se um sucesso

O uso do phrasal verb *to take off/took off/taken off* é bastante comum neste contexto.

*Tim's career as a musician only took off after his band recorded their second CD.*
A carreira musical do Tim só decolou depois que sua banda gravou o segundo CD.

*Their business seems to have finally taken off. They are making a good profit now.*
O negócio deles parece ter finalmente decolado. Eles estão tendo bons lucros agora.

## Decotado

O adjetivo correspondente em inglês é *low-cut*, ex. *a low-cut dress* (um vestido decotato); *a low-cut blouse* (uma blusa decotada).

*Ingrid's low-cut dress turned Bill on.*
O vestido decotado da Ingrid deixou o Bill excitado.

★ **Veja também transparente p. 183**

## Dedos

Lembre-se que, diferentemente do português, em inglês temos palavras distintas para se referir aos dedos das mãos e dos pés: *fingers* (dedos das mãos) e *toes* (dedos dos pés). Veja agora no quadro abaixo as palavras usadas em inglês para se referir aos dedos da mão:

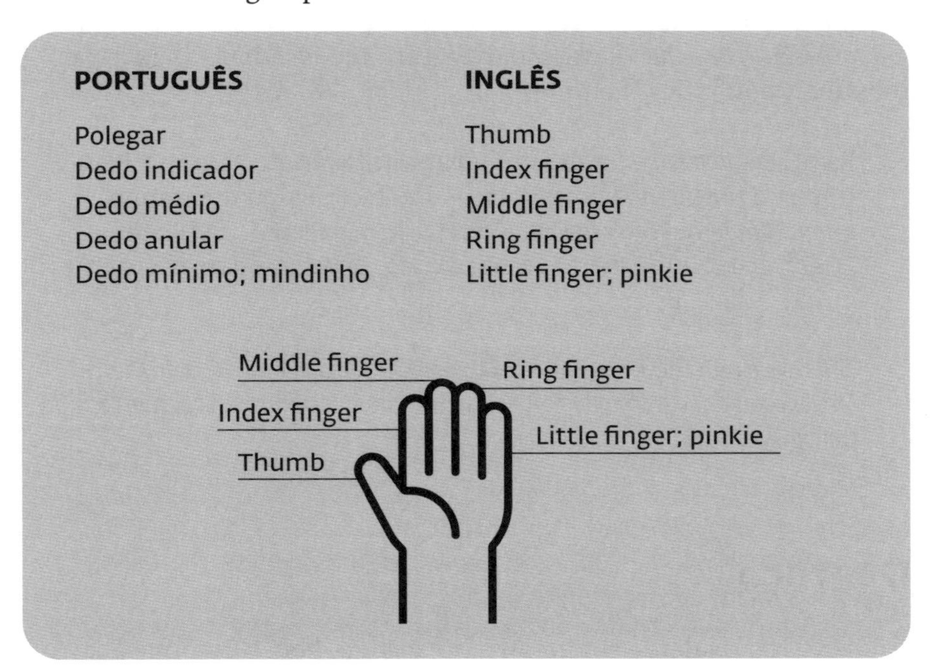

| PORTUGUÊS | INGLÊS |
|---|---|
| Polegar | Thumb |
| Dedo indicador | Index finger |
| Dedo médio | Middle finger |
| Dedo anular | Ring finger |
| Dedo mínimo; mindinho | Little finger; pinkie |



## Deixar a barba (crescer)

Em inglês se diz *grow a beard*, do verbo *to grow/grew/grown* (crescer). Confira os exemplos:

*Dave looks so different now that he has grown a beard.*
Dave parece tão diferente agora que deixou a barba crescer.

*I almost could not recognize Jim as he's grown a beard.*
Quase não reconheci o Jim porque ele deixou a barba crescer.

★ **Veja também: cavanhaque p. 54; costeleta p. 65**

## Deixar para a próxima

Uma expressão muito usual em inglês é empregada neste caso: *take a rain check*. A origem desta expressão idiomática é associada ao baseball, esporte muito popular nos Estados Unidos. Quando chovia a partida era adiada, e os torcedores recebiam o *rain check*, uma espécie de vale que podia ser usado para assistir o jogo em outra ocasião. Daí nasceu a expressão *take a rain check*, com o significado de adiar, "deixar para a próxima". Confira os exemplos:

> *Ron: "How about dinner tonight?", Ron invited a friend.*
> "Que tal jantarmos hoje à noite?", Ron convidou um amigo.
> *Brian: "I'm sorry. I can't tonight. Can I take a rain check?", said Brian.*
> "Desculpe. Hoje à noite eu não posso. Podemos deixar para a próxima?", disse *Brian*.
>
> *"I'll take a rain check on that drink tonight, if you don't mind", said Chuck.*
> *"Vou deixar aquele drinque de hoje à noite para a próxima, se você não se importar", disse Chuck.*

## Dentuço

O adjetivo equivalente em inglês é *bucktoothed*. Veja o exemplo abaixo:

> *Jim was an ugly bucktoothed boy as a teenager.*
> Jim foi um garoto feio e dentuço quando adolescente.

★ **Veja também: baixinho p. 30; barrigudo p. 32; gorducho p. 112; magricela p. 120;**

## Desafinado

Em inglês se diz *out of tune*. Confira os exemplos:

> *"Your guitar seems to be out of tune", said Tommy to a friend.*
> "Seu violão parece estar desafinado", disse Tommy a um amigo.

*James is a lousy singer. He always sings out of tune.*
James é um péssimo cantor. Ele sempre canta desafinado.

## Desconcertar

O verbo que expressa esta ideia em inglês é *to baffle/baffled/baffled*. Confira o exemplo abaixo:

*I was completely baffled by her weird behavior and did not know what to say.*
Fiquei completamente desconcertado com o comportamento estranho dela e não soube o que dizer.

## Descontar mau humor, raiva etc. em alguém

O phrasal verb *to take out on/took out on/taken out on* é muito usado neste contexto. Confira os exemplos:

*I find it hard to put up with Sandy sometimes. Whenever she is cranky she always takes it out on me.*
Às vezes acho difícil aguentar a Sandy. Todas as vezes que ela está irritada ela sempre desconta em mim.

*Don't take your bad mood out on me! It's not my fault you failed the exam.*
Não desconte o seu mau humor em mim! Não tenho culpa por você ter sido reprovado no exame.

## Desde o começo; desde o início

Neste contexto é muito comum entre os falantes nativos de inglês a expressão coloquial *from day one*. Confira os exemplos contextualizados:

*We were told from day one that late-comers would not be allowed.*
Fomos informados desde o início que não seria permitido chegar atrasado.

*Fred knew from day one that he would not put up with the new boss' arrogant behavior.*
O Fred sabia desde o começo que não toleraria o comportamento arrogante do novo chefe.

## Desmatamento

A palavra correspondente em inglês é *deforestation*. Existe também o verbo *to deforest/deforested/deforested* (desmatar).

*Deforestation can result in damage to habitat and biodiversity and is one of the major causes of global warming.*
O desmatamento pode resultar em danos ao habitat e à biodiversidade e é uma das causas principais do aquecimento global.

★ **Veja também: efeito estufa p. 82**

## Desprezar alguém

Além do verbo regular *to despise/despised/despised*, o phrasal verb *look down on* é muito empregado pelos falantes nativos de inglês neste contexto. Confira os exemplos abaixo:

*Gary looks down on anyone who isn't as rich as he is.*
O Gary despreza qualquer um que não seja tão rico quanto ele.

*You shouldn't look down on people just because they don't have a college degree.*
Você não deveria desprezar as pessoas só porque não têm formação universitária.

## Desvantagem

Além do substantivo *disadvantage*, o termo *drawback* é muito usual neste contexto.

*During the meeting Mr. Reynolds pointed out all the drawbacks of our plan.*
Durante a reunião o sr. Reynold apontou todas as desvantagens do nosso plano.

## Detalhista; chato

Dois adjetivos podem ser usados em inglês neste contexto: *fussy* ou *picky*. Confira os exemplos:

*Grace is very picky about the food she eats. It's not easy to please her.*
Grace é muito chata com o que come. Não é fácil agradá-la.

*Jim has always been fussy about the clothes he wears. They have to be perfectly ironed and clean.*
O Jim sempre foi chato com as roupas que veste. Elas tem que estar perfeitamente passadas e limpas.

## Determinação; "garra"

O substantivo apropriado em inglês neste contexto é *drive*. Veja os exemplos:

*The company needs someone with drive and ambition for this job.*
A empresa precisa de alguém com garra e ambição para este cargo.

*Do you think Brian has the drive it takes to succeed?*
Você acha que o Brian tem a garra necessária para conseguir?

## Deus ajuda quem cedo madruga

A expressão equivalente em inglês é *the early bird gets the worm*, literalmente, o pássaro que acorda cedo pega a minhoca. A forma alternativa *the early bird catches the worm* também é usada. Os falantes nativos do inglês às vezes também dizem *you're an early bird today!* para dizer que alguém madrugou. Confira os exemplos.

> *The early bird gets the worm is a proverb that means that whoever arrives first has the best chance of success.*
> Deus ajuda quem cedo madruga é um provérbio que significa que quem chega primeiro tem a melhor chance de sucesso.
> *A: Richard! You're an early bird today! What are you doing here so early?*
> A: Richard! Você madrugou hoje! O que você está fazendo aqui tão cedo?
> *B: Well, I need to finish a report before 8:30. That's why!*
> B: Bom, preciso terminar um relatório antes das 8:30. É por isso!

## Dia da mentira

O dia da mentira, comemorado em primeiro de abril em muitos países, incluindo o Brasil e os Estados Unidos. É conhecido nos países de língua inglesa pela expressão *April Fool's Day*. Os ingleses também se referem ao dia da mentira por *All Fool's Day*.

> *April, 1st, popularly known as April Fool's Day, is a day when people play tricks on people.*
> O primeiro dia de abril, popularmente conhecido como o dia da mentira, é um dia que as pessoas pregam peças nos outros.

## Do nada; inesperadamente; de repente

Uma expressão informal muito comum em inglês neste contexto é *out of the blue*. Confira os exemplos.

> *I hadn't heard from Nick in a year, then one day he called me out of the blue and told me he had gotten married to an Italian girl and moved to Italy.*
> Eu não tinha notícias do Nick fazia um ano, aí um dia ele me ligou do nada e me disse que tinha casado com uma italiana e se mudado para a Itália.

*Everyone was taken aback when Roger and Susan announced, out of the blue, that they were getting divorced.*
Todos ficaram surpresos quando Roger e Susan anunciaram, inesperadamente, que estavam se divorciando.

## Drogado; sob o efeito de drogas

O termo coloquial em inglês neste contexto é *stoned*. Veja o pequeno diálogo abaixo:

*A: What's the matter with that guy over there?*
A: O que há de errado com aquele cara ali?
*B: I don't know. He looks pretty stoned to me.*
B. Não sei. Ele me parece bem drogado.

## Dublê

Algumas opções em inglês para se referir à pessoa que toma o lugar de um ator em cenas perigosas ou que requerem habilidades especiais são: *stuntman* e *stunt double*. Confira os exemplos:

*A stuntman takes the place of a movie actor in a scene involving danger or requiring acrobatic skill.*
Um dublê toma o lugar de um ator em cenas que envolvem perigo ou requerem habilidade acrobática.

*All of the fight scenes of the movie were done with a stunt double.*
Todas as cenas de luta do filme foram feitas com um dublê.

## Durex

A palavra *Durex* existe também em inglês britânico, mas atenção: *Durex* é, na verdade, uma marca registrada de preservativo, e este termo é usado na Inglaterra como sinônimo de "camisinha". Quando precisar dizer durex em inglês, diga *Scotch tape* (E.U.A.) ou *Sellotape* (Ingl.), que também são marcas registradas.

> *Do you have Scotch tape? I need to seal this parcel.*
> Você tem durex? Preciso fechar este pacote.
>
> *You can buy Durex from vending machines in England.*
> Pode-se comprar preservativos em máquinas automáticas de venda na Inglaterra.

★ **Veja também: camisinha; preservativo p. 47**

## ...e poucos; ...e tantos

"Trinta e poucos anos", ou "vinte e tantos anos". O interessante é a forma usada pelos falantes nativos do inglês para expressar essa ideia em uma frase como esta: *thirty-odd years*. A forma adjetiva *-odd* é usada para se referir a uma quantidade indefinida maior que a especificada na frase. Veja os exemplos:

> *"Jason lived in Spain for twenty-odd years", said Ryan to his friends.*
> "Jason morou na Espanha por vinte e poucos anos", disse Ryan aos amigos.
>
> *The Wilsons expect forty-odd guests to come to the party.*
> Os Wilson tem esperam quarenta e poucos convidados para a festa.

## É isso aí!; muito bem!; parabéns!

A expressão informal "*way to go!*" é muito usada em inglês para parabenizar ou elogiar alguém por alguma coisa. Veja o exemplo:

> *Way to go! Shouted Brian to his friend as he scored another goal for their team.*
> Muito bem! Gritou Brian para o amigo quando ele marcou outro gol para o time deles.

## É mesmo!; é verdade!; concordo plenamente!

A expressão informal e bastante comum em inglês "*you can say that again!*" é usada para enfatizar que concordamos com o que alguém acabou de falar. Veja os pequenos diálogos abaixo:

*A: It's really cold out here!*
A: Tá frio mesmo aqui fora!
*B: You can say that again! I'm freezing to death!*
B: É mesmo! Eu estou congelando!

*A: What a beautiful painting!*
A: Que quadro lindo!
*B: You can say that again!*
B: Concordo plenamente!

## E se...?

Esta pequena frase que introduz uma sugestão, proposta ou até uma especulação sobre o futuro tem sua equivalência em inglês na expressão "*what if...?*". Confira os exemplos:

*What if we throw a party?*
E se dermos uma festa?

*What if it rains?*
E se chover?

*What if we miss the plane?*
E ser perdermos o voo?

*What if they show up late?*
E se eles chegarem atrasados?

## ...e viveram felizes para sempre.

Esta é uma expressão chave para encerrar contos de fada e estórias infantis. A versão em inglês é...*and lived happily ever after*. Confira o exemplo abaixo:

> *"...and they all lived happily ever after.", said Tommy's father as he finished reading him a story.*
> "...e todos viveram felizes para sempre.", disse o pai de Tommy ao terminar de ler uma história para ele.

## Efeito estufa

O termo usado em inglês para se referir ao aquecimento da superfície da terra decorrente da poluição atmosférica por gases é *greenhouse effect*. Confira os exemplos contextualizados abaixo:

> *The greehouse effect is caused by atmospheric pollutants, mostly from the burning of fossil fuels, like gasoline and diesel.*
> O efeito estufa é causado por poluentes atmosféricos, gerados prin-

cipalmente pela queima de combustíveis fósseis, como a gasolina e o óleo diesel.

*The greenhouse effect is causing climate changes and melting polar icecaps.*
O efeito estufa está causando mudanças climáticas e derretendo as calotas polares.

★ **Veja também: desmatamento p. 76**

## Em negrito

Podemos dizer em inglês *in bold type*, ou simplesmente *in bold*. Confira os exemplos:

*Several words in the text were printed in bold.*
Várias palavras no texto estavam impressas em negrito.

*What does the word in bold mean?*
O que a palavra em negrito significa?

## Em nome de...

Quando falamos em nome de uma empresa, ou de outra pessoa, usamos em inglês a expressão *on behalf of*. Veja os exemplos:

*On behalf of Digital International, I'd like to welcome you to our fifth sales seminar.*
Em nome da Digital International, eu gostaria de lhes dar boas vindas ao quinto seminário de vendas.

*"I hope you've all had a nice flight and, on behalf of Global Airlines, I'd like to thank you all for flying with us", said the captain.*
"Espero que todos tenham tido um bom voo e, em nome da Global Airlines, gostaria de agradecer a todos por voarem conosco", disse o comandante.

## Em off

Esta expressão usada no Brasil para se referir a algo confidencial, e que não deve ser gravado ou divulgado, tem origem na expressão em inglês *off the record*. Veja os exemplos:

> *"I will talk to the reporters as long as it is off the record", said Derek when he was asked if he would be willing to tell the journalists what he had seen.*
> "Só falarei com os repórteres desde que seja em *off*", disse Derek quando lhe perguntaram se estaria disposto a contar aos jornalistas o que tinha visto.
>
> *Paul made it clear to the newspaper reporter that his comments were strictly off the record and should not be included in the article.*
> Paul deixou claro para o repórter do jornal que seus comentários eram confidenciais e que não deveriam ser incluídos no artigo.

★ **Veja também: barman p. 31; cooper p. 64; outdoor p. 136; shopping p. 165; smoking p. 170 e trailer p. 181**

## Embrulhar para presente

Podemos expressar esta ideia em inglês de várias formas, usando o verbo *to gift-wrap/gift-wrapped/gift-wrapped*; a expressão *have something gift-wrapped* ou então dizendo *wrap it as a gift*. Veja os exemplos abaixo:

> *"Can you please gift-wrap it?", Randy asked the store clerk.*
> "Você pode por favor embrulhar para presente?", Randy pediu ao atendente da loja.
>
> *"Could you please wrap it as a gift?", said Diane.*
> "Você pode por favor embrulhar para presente?", disse Diane.
>
> *"Can I have this gift-wrapped please?", Heather asked the store clerk.*
> "Você pode por favor embrulhar para presente?", Heather perguntou à atendente da loja.

## Encharcado

Podemos usar a expressão *soaking wet* ou simplesmente *soaking*. Confira o exemplo.

> *After just a few seconds in the pouring rain my clothes were soaking wet.*
> Depois de apenas alguns segundos na chuva forte minhas roupas ficaram encharcadas.

## Encontrar alguém por acaso

O phrasal verb *to run into/ran into/run into* descreve esta ideia com clareza. Veja os exemplos:

> *"I ran into Mike at the mall yesterday.", said Rita to a friend.*
> "Encontrei o Mike no shopping ontem.", disse Rita a uma amiga.
>
> *"You won't believe who I ran into at the park today!", Stephanie told her friends.*
> "Vocês não vão acreditar quem eu encontrei no parque hoje!", Stephanie disse às amigas.

## Encrenqueiro

O termo correspondente em inglês é *troublemaker*, ou seja, literalmente aquele que causa problemas. Confira os exemplos:

*The Johnsons hired a bouncer to make sure troublemakers were kept outside.*
Os Johnson contrataram um leão de chácara para ter certeza que os encrenqueiros ficariam do lado de fora.

*"Stay away from troublemakers!", Jimmy's father told him before he went out with his friends.*
"Fique longe dos encrenqueiros!", o pai do Jimmy lhe disse antes de ele sair com os amigos.

## Engordar

Há duas formas de expressar essa ideia em inglês, podemos dizer *gain weight*, ou usar a expressão *put on weight*. Veja os exemplos:

*Sandy has to watch out for what kind of food she eats. She gains weight easily.*
A Sandy tem que tomar cuidado com o tipo de comida que come. Ela engorda com facilidade.

*"I can't believe I put on 6 pounds in just one week!", said Carla to a friend as she stepped off the scale.*
"Não acredito que engordei 3 quilos em apenas uma semana!", disse Carla a uma amiga ao descer da balança.

## Entender direito

A expressão informal *get it straight* é muito comum em inglês neste contexto. Veja os exemplos.

*Sorry, I don't think I got that straight. Can you explain it again, please?*
Desculpe, acho que não entendi direito. Você pode explicar novamente, por favor?

*"Let me see if I got this straight, you're telling me you're not coming to the party, after all?", Phil asked Susan over the phone.*
"Deixa eu ver se entendi direito, você está me dizendo que não vai à festa, então?", Phil perguntou a Susan no telefone.

## Entrar em detalhes

A expressão correspondente em inglês é *go into detail*. Veja o exemplo abaixo:

*There's no need for you to go into detail. I understood what you meant.*
Você não precisa entrar em detalhes. Eu entendi o que você quis dizer.

## Entrar em pânico

Além do verbo *to panic/panicked/panicked*, há também em inglês uma forma mais coloquial de expressar esta ideia: *push the panic button*. Confira os exemplos abaixo:

*There's no need to panic. Everything will be ok.*
Não há necessidade de entrar em pânico. Vai dar tudo certo.

*People cannot usually think straight in emergency situations and tend to push the panic button.*
As pessoas geralmente não conseguem pensar direito em situações de emergência e tendem a entrar em pânico.

*Robin was about to push the panic button when Bill showed up and saved his ass.*
Robin já ia entrar em pânico quando o Bill apareceu e o tirou do sufoco.

## Entrar na moda; "pegar"

Esta ideia é expressa em inglês através do phrasal verb *catch on*. Confira os exemplos:

*It's amazing how some weird clothing styles catch on so fast.*
É incrível como alguns estilos de roupa estranhos entram na moda tão rápido.

*Do you think those new baggy pants will catch on?*
Você acha que aquelas novas calças folgadas vão pegar?

## Entregar os pontos; jogar a toalha

A expressão equivalente em inglês é *throw in the towel*. Confira o exemplo:

*I think you should try a little harder. Don't throw in the towel just yet!*
Acho que você deve tentar um pouco mais. Não entregue os pontos ainda!

## Entulho

O substantivo *rubble* é usado em inglês para se referir aos restos de construções demolidas ou resto de obra. Veja os exemplos abaixo:

*They used a truck to take away the rubble.*
Eles usaram um caminhão para levar o entulho embora.

*Where did all that rubble come from?*
Da onde veio todo aquele entulho?

★ **Veja também caçamba p. 45**

## Entupido

A forma adjetiva *clogged* é usada para se referir a entupimento de pia (*sink*), ralo (*drain*) e também em outros contextos. Existe também o verbo regular *to clog/clogged/clogged*, com o significado de entupir. Já no caso de nariz entupido, usa-se a expressão *stuffed-up*. Confira os exemplos contextualizados abaixo:

*The kitchen sink is clogged. Let's call in a plumber.*
A pia da cozinha está entupida. Vamos chamar um encanador.

*Those old clogged pipes need to be replaced.*
Aqueles canos velhos entupidos precisam ser substituídos.

*You should be careful about what you eat, you know. Too much cholesterol clogs up your arteries.*
Você deve tomar cuidado com o que come, sabe? Colesterol demais entope as artérias.

*Nigel's nose is stuffed-up because he has a cold.*
O nariz do Nigel está entupido porque ele está resfriado.

*A: What's with your voice? You sound funny!*
A: O que tem a sua voz? Parece engraçada!
*B: My voice is different because I have a stuffed-up nose, that's all!*
B: Minha voz está diferente porque eu estou com o nariz entupido, é só isso!

## Era uma vez...

Esta expressão, muito usada no início de contos de fada e histórias infantis, tem sua equivalência em inglês na frase "*once upon a time...*". Confira o exemplo:

*Once upon a time there was a young pretty queen who lived in a castle...*
Era uma vez uma jovem linda rainha que morava em um castelo...

## Escala (em voos)

O termo equivalente em inglês é *stopover*, formado a partir do phrasal verb *to stop over/stopped over/stopped over* (fazer escala). Veja os exemplos abaixo:

> *We should have booked a flight with fewer stopovers.*
> Devíamos ter reservado um voo com menos escalas.
>
> *There are no stopovers on our flight to Vancouver.*
> Não há escalas no nosso voo para Vancouver.

## Esgotar; vender tudo

O phrasal verb *to sell out/sold out/sold out* é bastante usual neste contexto e a frase *sold out* (esgotado) é comumente vista em placas e avisos. Confira os exemplos abaixo:

> *I did try to get tickets for the show, but they were sold out!*
> Eu bem que tentei conseguir ingressos para o show, mas estavam esgotados!
>
> *"Sorry, we sold out of pants in your size. We'll get some more next week", the clerk told Brian at the store.*
> "Sinto muito, nós vendemos todas calças no seu tamanho. Vamos receber mais na próxima semana", o atendente disse para o Brian na loja.
>
> *The sign at the ticket office read "Sold out".*
> A placa na bilheteria dizia "Esgotado".

## Espaço

Além do cognato *space*, temos a palavra *room*. Na maioria das vezes, ela é usada com o significado de quarto ou sala, mas também é bastante usual em inglês para designar um espaço. Veja os exemplos a seguir:

*Jennifer has no room left for clothes in her closet.*
Jennifer não tem mais espaço para roupas no armário embutido.

*"Is there any room for me in the car?", asked Steve, hoping he'd be able to get a ride.*
"Tem espaço para mim no carro?", perguntou Steve, com esperança de conseguir uma carona.

Pode-se ainda usar *room* de forma figurativa, como é o caso da expressão *room for improvement*. Confira o exemplo:

*"Dave can express himself better in Spanish now, but there's still room for improvement.", said Mrs. Garcia.*
"O Dave consegue se expressa melhor em espanhol agora, mas ainda pode melhorar.", disse a sra. Garcia.

E quando precisar dizer "arrumar espaço para alguma coisa", diga "*make room for something*". Veja os exemplos contextualizados abaixo:

*Can you make room for my backpack in your locker?*
Você consegue arrumar algum espaço para a minha mochila no seu armário?

*I need to make room for the new shirts I bought.*
Preciso arrumar espaço para as camisas novas que comprei.

## Espelunca

O termo informal *dive* é bastante empregado em inglês para se referir a um bar, hotel, restaurante ou qualquer outro lugar de entretenimento ou atividade social que seja desagradável devido às instalações ou às pessoas que o frequentam. Confira os exemplos abaixo:

*The bar we went to last night was a real dive.*
O bar onde fomos ontem à noite era uma verdadeira espelunca.

*"All right, I agree that diner is a dive, but the grub there is great and it's not expensive either", Jeff said to his friends.*

"Tudo bem, eu concordo que aquele restaurante é uma espelunca, mas o rango lá é ótimo e também não é caro", Jeff disse aos amigos.

## Espertinho; sabichão

Algumas opções em inglês para este contexto são: *wise guy*; *know-it-all* e *smart aleck*. Confira os exemplos:

*"I can't stand Josh. He's too much of a wise guy for my taste", said Melissa to her friends.*
"Não tolero o Josh. Ele é espertinho demais para o meu gosto", disse Melissa aos amigos.

*Ok, know-it-all! Then you explain it to us how it's done.*
Ok, sabichão! Então você explica para nós como que se faz.

*"I wish Mark would quit being such a smart aleck. It can be irritating sometimes", said Brian.*
"Gostaria que o Mark deixasse de ser tão sabichão. Às vezes irrita", disse Brian.

## Está caindo um pé d'água

*It's pouring* é a expressão correspondente em inglês. Veja o exemplo:

*Let's hang out here for a while. It's pouring out there.*
Vamos dar um tempo aqui. Ta caindo um pé d'água lá fora.

★ **Veja também: toró p. 179**

## Estabanado; desastrado; desajeitado

Além do adjetivo *clumsy*, o termo coloquial *klutz* é bastante usual para se referir a uma pessoa desastrada ou desajeitada. Confira os exemplos:

*Tim is such a klutz! He keeps dropping things all over the place.*
O Tim é tão desastrado! Ele está sempre deixando coisas cair por todo o canto.

*"Oops, sorry. I'm such a klutz!", said Mike as he bumped into our table.*
"Opa, desculpa. Eu sou tão desastrado!", disse Mike quando esbarrou em nossa mesa.

## Estado civil

O termo equivalente em inglês é *marital status*. Algumas opções de estado civil são *single* (solteiro); *engaged* (noivo); *married* (casado); *separated* (separado); *divorced* (divorciado) e *widowed* (viúvo). Veja abaixo alguns exemplos contextualizados:

*What's your marital status?*
Qual é o seu estado civil?

*Rita is engaged to some rich guy in the software industry.*
Rita está noiva de um cara rico da indústria de software.

*Mrs. Henderson was widowed at the age of sixty-four.*
A sra. Henderson ficou viúva aos sessenta e quatro anos.

## Estagiário

Embora o termo *trainee* também possa ser usado em inglês com o significado de estagiário, a palavra *intern* costuma ser mais empregada pelos falantes nativos nesse contexto. Para se referir a um estágio profissional usa-se também o termo *internship*. Confira os exemplos:

*Sabrina is working in a law firm as an intern.*
A Sabrina está trabalhando em um escritório de advocacia como estagiária.

*The company offers internship programs lasting from three to six months.*
A empresa oferece programas de estágio profissional com duração de três a seis meses.

## Estar aprontando

Uma forma de expressar esta ideia em inglês é usar o phrasal verb *to be up to*. Confira o exemplo contextualizado abaixo.

*Can you check what Teddy is up to? I can hear some strange noises coming from his room.*
Você pode checar o que o Teddy está aprontando? Estou ouvindo barulhos estranhos vindos do quarto dele.

Podemos também expressar uma ideia similar através de um dos contextos do phrasal verb *to act up*, no sentido de comportar-se mal, fazer bagunça ou aprontar. Veja o exemplo:

*"It looks like the kids are acting up again!", Gary told his wife.*
Parece que as crianças estão aprontando de novo!", Gary disse à esposa.

## Estar de luto

Em inglês se diz *to be in mourning for someone* (estar de luto por alguém). Veja os exemplos abaixo:

*Larry is in mourning for his grandmother.*
Larry está de luto pela avó.

*Frank's family was still in mourning over the death of a loved relative.*
A família do Frank ainda estava de luto pela morte de um parente querido.

## Estar duro; estar liso; estar sem grana

Uma expressão coloquial muito comum neste contexto em inglês é *broke*. Para enfatizar ainda mais a ideia é comum também dizer *flat broke*. Confira os exemplos:

*Tim: Can you lend me ten bucks?*
Tim: Você pode me emprestar dez dólares?
*Chuck: So sorry, pal. I'm broke! I don't have a dime to spare.*
Chuck: Desculpe, estou duro, cara. Não tenho nem uma moeda para te dar.

*I need to borrow some cash. I'm flat broke!*
Preciso pegar algum dinheiro emprestado. Estou duro!

## Estar feliz da vida

A expressão idiomática *be walking on air* é usada em inglês nesse contexto.

*Betty has been walking on air since she was promoted.*
Betty está feliz da vida desde que foi promovida.

*Dasy has been walking on air since she found out she was pregnant.*
Dasy está feliz da vida desde que descobriu que estava grávida.

## Estar na fossa; sentir-se deprimido

As expressões *have the blues* e *down in the dumps* são duas boas opções para este contexto. Veja os exemplos:

*Gary's had the blues since his girlfriend dumped him.*
Gary está na fossa desde que sua namorada o largou.

*Nikita is down in the dumps because her pet dog died.*
A Nikita está deprimida porque seu cachorro de estimação morreu.

## Estar na pior

A expressão usual em inglês neste caso é *down and out*. Confira os exemplos:

*It's great to have friends to turn to when you're down and out.*
É ótimo ter amigos a quem recorrer quando se está na pior.

*"Let's drop by Ted's place. He's been down and out since he got the axe. Maybe we can cheer him up a little", said Gary.*
"Vamos dar um pulo na casa do Ted. Ele tem estado na pior desde que foi despedido. Talvez possamos animá-lo um pouco", disse Gary.

## Estender o tapete vermelho para alguém

Há duas maneiras de expressar esta ideia em inglês: *roll out the red carpet for someone* ou *give someone the red carpet treatment*. Confira os exemplos abaixo:

*Celebrities usually expect people to give them the red carpet treatment.*
As celebridades normalmente esperam que as pessoas lhes estendam o tapete vermelho.

*"The CEO of the company is coming for a visit today, so we're supposed to roll out the red carpet for him", explained Tom to his wife when she asked him why he had dressed up.*
"O presidente da empresa está vindo para uma visita hoje, então devemos tratá-lo de forma especial", explicou Tom à esposa quando ela lhe perguntou por que ele tinha se vestido tão bem."

## Estourar o limite do cartão de crédito

Existe também uma maneira coloquial de dizer o mesmo em inglês. Os americanos usam o phrasal verb *to max out/maxed out/maxed out* quando a ideia for atingir o limite de algo, como é o caso do cartão de crédito. Veja o exemplo contextualizado a seguir:

*"Janice has maxed out her credit card. I guess we'll have to lend her some money!", said Dave to his friends.*
"Janice estourou o limite do cartão de crédito. Acho que vamos ter que emprestar algum dinheiro para ela!", disse Dave aos amigos.

*Trevor's spent all morning shopping and maxed out his credit card.*
O Trevor passou a manhã inteira fazendo compras e estourou o limite do cartão de crédito.

O phrasal verb *to max out* também é usado em situações em que algo é feito em demasia, como por exemplo quando se come ou bebe demais. Nesses casos, acrescenta-se a preposição *on*. Veja o diálogo abaixo:

*Sean: How about grabbing a bite to eat at Mike's Café?*
Sean: O que você acha de comermos alguma coisa na lanchonete do Mike?
*Jeff: No way! I maxed out on pizza last night. I'm still feeling stuffed!*
Jeff: De jeito nenhum! Eu comi pizza demais ontem à noite. Ainda estou me sentindo estufado.

## Estragar; arruinar

O verbo *to ruin/ruined/ruined* é bastante usual neste contexto. Veja os exemplos:

*The rainy weather ruined our plans to travel to the beach.*
O tempo chuvoso estragou nossos planos de viajar para a praia.

*If you keep showing up late for work you're going to ruin your chances of getting a promotion.*
Se você continuar a chegar atrasado para o trabalho vai estragar as suas chances de conseguir uma promoção.

## Executar um plano, ordens, etc.

Quando a ideia for levar a cabo uma tarefa, um plano, ordens etc., é muito comum o uso do phrasal verb *to carrry out/carried out/carried out*. Veja os exemplos:

> *That's a tough task. Do you think you can carry it out?*
> É uma tarefa difícil. Você acha que pode executá-la?
>
> *The mission was carried out successfully.*
> A missão foi executada com sucesso.

## Exibir-se; mostrar-se

O phrasal verb *to show off/showed off/showed off* expressa essa ideia com clareza. A forma substantiva *show-off* (exibido, exibicionista) também é bastante usada.

> *Ted doesn't miss a chance to show off his computer skills.*
> Ted não perde uma oportunidade de exibir sua habilidade com computadores.
>
> *I hate the way Mark is always trying to show off.*
> Odeio como o Mark está sempre tentando se mostrar.
>
> *Donald is such a show-off! He always wants to be the center of attention.*
> Donald é tão exibido! Ele sempre quer ser o centro das atenções.

## Extrapolar

Quando a ideia for exagerar ou exceder-se em algo, uma expressão usual em inglês é *go overboard*. Veja os exemplos contextualizados abaixo:

> *Rock stars sometimes go overboard on their demands for their hotel rooms.*
> As estrelas do rock às vezes extrapolam em suas exigências para o quarto do hotel.
>
> *I think Mike went overboard in decorating his new apartment. There are knick-knacks all over the place!*

Acho que o Mike exagerou na decoração do novo apartamento. Há bugigangas em todos os lugares.

*"I know this is a great sale, but let's try not to go overboard and buy more shoes than we really need!", said Sally to a friend at the department store.*
"Eu sei que esta é uma liquidação ótima, mas vamos tentar não extrapolar ao comprar mais sapatos do que realmente precisamos!", disse Sally a uma amiga na loja de departamentos.

## Faca de dois gumes

A expressão equivalente em inglês é *double-edged sword*, há também a forma alternativa *two-edged sword*. Observe que ao invés de "faca", a expressão em inglês é formada pela palavra *sword* (espada).

*The expression "double-edged sword" is used to refer to something that can have both favorable or unfavorable consequences.*
A expressão "faca de dois gumes" é usada para se referir a algo que pode ter consequências favoráveis ou desfavoráveis.

## Fajuto; falso; falsificado

Dois adjetivos bem usuais em inglês são usados neste contexto: *fake* e *phony*. Veja os exemplos:

*"I had no idea Harry's Rolex is a fake watch. It looks pretty real to me", said Bob to his friends.*
"Não fazia ideia que o Rolex do Harry é falso. Ele me parece bem verdadeiro", disse Bob aos amigos.

*The escaped prisoner was traveling on a fake passport.*
O prisioneiro fugitivo estava viajando com um passaporte falso.

*He came up with a phony story for not having done the school assignment.*
Ele inventou uma história fajuta sobre não ter feito o trabalho de escola.

*"Can you tell a phony bill apart from a real one?", asked Nick as he handed me a $100 bill.*
"Você consegue diferenciar uma nota falsa de uma verdadeira?", perguntou Nick ao me dar uma cédula de cem dólares.

## Falar mal de alguém ou algo

O verbo *to badmouth/badmouthed/badmouthed*, formado a partir do adjetivo *bad* (mau; ruim) e do substantivo *mouth* (boca), é usado neste contexto. Confira os exemplos:

*Why are you always badmouthing your colleagues?*
Por que você está sempre falando mal dos seus colegas?

*"I don't believe in what Alice said. I think she's badmouthing Karen because she's jealous of her", said Rita to her friends.*
"Não acredito no que a Alice disse. Acho que ela está falando mal da Karen porque tem ciúme dela", disse Rita às amigas.

*Heather envies Jill. That's why she badmouthes her everywhere.*
A Heather inveja a Jill. É por isso que fala mal dela em todo o canto.

## Fazer as malas

Em inglês basta um verbo para expressar essa ideia: *to pack/packed/packed*. É possível também dizer *pack one's bags*. Veja os exemplos:

*Have you packed yet?/Have you packed your bags yet?*
Você já fez as malas?

*Dennis packed his bags and checked out of the hotel early this morning.*
Dennis fez as malas e saiu do hotel hoje cedo.

## Fazer lembrar algo; soar ou parecer familiar

Uma expressão muito usual neste contexto é *ring a bell*. Confira os exemplos:

> *"Her face rings a bell. I may have met her before", said Jake to his friends.*
> "O rosto dela me parece familiar. Talvez tenha conhecido ela antes", disse Jake aos amigos.

> *"Does the name Lola ring a bell?", Bruce asked Terry.*
> "O nome Lola faz lembrar algo?", Bruce perguntou a Terry.

## Fazer o que for preciso

Há uma forma muito comum de expressar a ideia acima em inglês, os falantes nativos normalmente diriam *do whatever it takes*. Usa-se também a expressão *do what it takes* (fazer o que é preciso) que passa a ideia de cumprir os requerimentos para fazer algo. Confira os exemplos abaixo:

> *"I'll do whatever it takes to get a ticket for tomorrow's show. I can't miss it.", said Mike to his friends.*
> "Farei o que for preciso para conseguir um ingresso para o show de amanhã. Não posso perdê-lo.", disse Mike aos amigos.

> *"I know you want to go to medical school, but are you willing to do what it takes to become a doctor?", Brian's father asked him.*
> "Eu sei que você quer estudar medicina, mas você esta disposto a fazer o que é preciso para se tornar um médico?", o pai de Brian perguntou a ele.

## Fazer tempestade em copo d'água

A expressão equivalente em inglês é *make a mountain out of a molehill*. Confira os exemplos:

*"Come on, you're making a mountain out of a molehill! There's nothing to worry about really", Jake told Bernard.*
"Que isso, você está fazendo tempestade em copo d'água. Não há nada com que se preocupar de verdade", Jake disse para Bernard.

*"Don't make a mountain out of a molehill. The situation is not that bad", said George to a friend.*
"Não faça tempestade em copo d'água. A situação não é assim tão grave", disse George a um amigo.

*Diane is always making mountains out of molehills.*
Diane está sempre fazendo tempestade em copo d'água.

## Fazer um elogio; elogiar

A expressão *pay someone a compliment* é bastante usual quando a ideia for fazer um elogio a alguém. Neste contexto também é usado o verbo regular *to compliment/complimented/complimented*, que significa elogiar. Atenção à preposição *on*, que é usada com esse verbo. Confira os exemplos:

*"Thank you. It's very kind of you", said Lisa when Benny paid her a compliment.*
"Obrigado. É muito gentil da sua parte", disse Lisa quando Benny a elogiou.

*Tim's boss complimented him on his presentation.*
O chefe do Tim o elogiou pela apresentação.

*All the guests complimented Susan on her cooking.*
Todos os convidados elogiaram a comida da Susan.

## Fazer uma prece; rezar

Além do verbo regular *to pray/prayed/prayed* (rezar), também é bastante comum a expressão *say one's prayer* (fazer uma prece). Veja o exemplo:

*When I came into the room Sarah was praying in silence.*
Quando entrei na sala a Sarah estava rezando em silêncio.

*Josh always says his prayers before he goes to sleep.*
Josh sempre reza antes de dormir.

★ **Veja também: banco de igreja p. 30**

## Fazer xixi; tirar a água do joelho; mijar

O verbo *to pee* e a expressão *take a leak* são bastante coloquiais e muito usados em inglês nesse contexto. Veja os exemplos:

*Do you know if there's a toilet around here? I need to pee.*
Você sabe se tem um banheiro por aqui? Preciso fazer xixi.

*"Can you please stop at the next gas station? I need to take a leak", Ryan asked his friend Al.*
"Dá para você parar no próximo posto, por favor? Preciso tirar a água do joelho", Ryan pediu ao amigo Al.

*After drinking a couple of beers, Josh felt like taking a leak.*
Depois de beber algumas cervejas, Josh sentiu vontade de mijar.

★ **Veja também: soltar uma bufa; soltar um pum; peidar p. 171**

## Fedor

Duas palavras podem ser usadas em inglês nesse caso: *stench* e *stink*. Confira os exemplos:

*"I can't stand the stench of your smelly socks. Can you please take them away from here?", Mike asked his roommate*
"Não suporto o fedor das suas meias malcheirosas. Você pode por favor levá-las embora daqui?", Mike pediu ao colega de quarto.

*The stink of cigarette smoke at the night club was too strong.*
O fedor de fumaça de cigarro na boate era forte demais.

## Festa

Lembre-se que além do substantivo *party*, muito usual, o termo coloquial *bash* também é bastante empregado pelos falantes nativos de inglês para se referir a uma festa. Veja o exemplo:

*Tom's friends are planning to have a big bash for his eighteenth birthday.*
Os amigos de Tom estão planejando dar uma festança no aniversário de dezoito anos dele.

## Ficar arrasado

O adjetivo *devastated* em conjunto com o verbo *to be* são usados para expressar essa ideia. Veja o exemplo:

*Jill was devastated when she heard the news.*
Jill ficou arrasada quando soube das notícias.

## Ficar arrepiado; ficar com os pelos arrepiados

Quando a ideia for expressar o arrepio por causa de frio, medo ou alguma emoção forte, usamos em inglês as expressões *get goose bumps*; *get goose pimples* ou ainda *get goose flesh*. Veja os exemplos abaixo:

*I always get goose pimples when it's cold like this.*
Sempre fico com a pele arrepiada quando está frio assim.

*Kim was so touched by Professor Martin's farewell speech that she got goose bumps all over.*

Kim estava tão comovida pelo discurso de despedida do Professor Martin que ficou toda arrepiada.

*Jake was so scared that he got goose flesh.*
Jake estava tão assustado que ficou arrepiado.

## Ficar pê da vida

A expressão *pissed-off* transmite essa ideia. Veja o exemplo:

*I was so pissed-off with what he said that I could have slapped his face.*
Fiquei tão pê da vida com o que ele disse que podia ter dado um tapa na cara dele.

*What are you so pissed-off about?*
Por que você está tão puto?

## Fico te devendo uma!

Neste caso, a expressão coloquial correspondente em inglês é quase uma tradução literal: "*I owe you one!*"

*"Thanks for sticking up for me at the meeting. I owe you one!", Mick told Jay.*
"Obrigado por ficar do meu lado na reunião. Fico te devendo uma!" Mick disse para o Jay.

## Firme e forte

Quando precisar expressar de uma forma coloquial que alguém está gozando de boa saúde, é cheio de energia e ativo diga *alive and kicking*. Veja os exemplos:

*It's good to know old Mr. Spencer is alive and kicking!*
É bom saber que o velho sr. Spencer está firme e forte!

*Clive: How's your granpa?*
Clive: Como está o seu avô?
*Tom: Alive and kicking! He's considering taking up tennis as a matter of fact.*
Tom: Firme e forte! Ele está até pensando em começar a jogar tênis.

## Fisioterapia

Nos Estados Unidos usa-se o termo *physical therapy*, enquanto na Inglaterra o termo corrente é *physiotherapy*. A mesma diferença ocorre com a palavra fisioterapeuta, que os americanos chamam de *physical therapist* e os britânicos de *physiotherapist*.

*Physical therapy is the treatment of disease or injury by physical means, such as massage or exercises.*
A fisioterapia é o tratamento de doenças ou machucados através de meios físicos, como massagem e exercícios.

*Physical therapists help patients improve mobility, relieve pain and prevent or limit permanent physical disabilities.*
Os fisioterapeutas ajudam os pacientes a melhorar a mobilidade, aliviar a dor e impedir ou limitar as deficiências físicas permanentes.

★ **Veja também: fonoaudiologia p. 107 e otorrinolaringologista p. 136**

## Foi mal!

Além das expressões *my fault* e *my mistake*, em inglês também temos uma forma bastante informal de se admitir um erro, equivalente a nossa expressão "foi mal!": "*my bad!*" Confira os exemplos:

*Dave: Hey, watch out! You're spilling Coke all over my desk!*
Dave: Ei, cuidado! Você está derramando Coca na minha mesa!
*Nick: Oh, my bad!*
Nick: Foi mal!

*Oops, sorry! I guess I shouldn't have said that. My bad!*
Opa, desculpa! Acho que não deveria ter dito isso. Foi mal!

## Fonoaudiologia

O termo equivalente em inglês é muito mais simples: *speech therapy*, literalmente terapia da fala. Para dizer fonoaudiólogo ou fonoaudióloga diga *speech therapist*.

*Speech therapy is the treatment of disorders that prevent people from speaking clearly, such as stuttering. It also includes the treatment of people with swallowing difficulties.*
A fonoaudiologia é o tratamento de distúrbios que impedem as pessoas de falar com clareza, como a gagueira. Também inclui o tratamento de pessoas com dificuldade de engolir.

*A speech therapist may work in a school, a clinic or a hospital.*
Um fonoaudiólogo pode trabalhar em uma escola, uma clínica ou um hospital.

★ **Veja também: fisioterapia p. 106 e otorrinolaringologista p. 136**

## Fracasso; fiasco

Há várias maneiras de expressar essa ideia em inglês. Uma delas é utilizando o termo informal *flop*, que pode ser usado como substantivo ou verbo, *to flop/flopped/flopped* (fracassar). Veja os exemplos abaixo:

*The movie was a total flop.*
O filme foi um fracasso total.

*We'll be in trouble if the project flops!*
Vamos estar em apuros se o projeto fracassar!

Uma outra palavra coloquial empregada neste contexto é *washout*:

*The party was a complete washout. Out of the thirty people we invited, only a couple showed up.*
A festa foi um fracasso total. Das trinta pessoas que convidamos, apenas duas apareceram.

Além disso, existe também os termos *fiasco* e *failure*, estes menos coloquiais:

*The meeting was a fiasco. We couldn't agree on anything.*
A reunião foi um fracasso. Não conseguimos chegar a nenhum acordo.

*The sales seminar was a complete failure. Half the people that were supposed to attend did not show up.*
O seminário de vendas foi um fracasso total. Metade das pessoas que deveriam estar presentes não apareceram.

★ **Veja também: sucesso p. 174**

## Francoatirador

Para se referir em inglês ao atirador de elite que dispara sua arma de um lugar escondido use o termo *sniper*. Veja o exemplo:

*Two terrorists were shot dead by a sniper.*
Dois terroristas foram mortos por um francoatirador.

## Frigobar

Em inglês se diz *minibar*. Veja os exemplos:

*"Is there a minibar in the bedroom?", Greg asked the front desk attendant.*
"Tem frigobar no quarto?", Greg perguntou ao atendente da recepção.

*The small refrigerator in a hotel room stocked with drinks and snacks is called minibar.*
A pequena geladeira em quartos de hotéis com bebidas e salgadinhos é chamada de frigobar.

## Fugir para casar

É interessante como uma única palavra em inglês pode ser tão expressiva. É o caso do verbo *to elope/eloped/eloped* que tem como significado fugir de casa para casar sem a permissão dos pais. Confira os exemplos:

*Samantha eloped with her boyfriend.*
Samantha fugiu de casa para se casar com o namorado.

*The young couple eloped and got married in Mexico.*
O jovem casal fugiu de casa e se casou no México.

★ **Veja também: casamento de fachada p. 53; pedir em casamento p. 144; subir ao altar p. 174**

## Fulano

A expressão *so-and-so* é usada em inglês para se referir a alguém cujo nome não lembramos ou não é importante. Veja o exemplo:

*A Mr. so-and-so was here this morning looking for you.*
Um fulano esteve aqui de manhã procurando você.

## Fumante compulsivo

Os fumantes compulsivos muitas vezes acendem um cigarro no outro, daí a expressão coloquial em inglês *chain-smoker*, onde *chain* tem o significado de "cadeia", ou seja, "fumante em cadeia". Para dizer que alguém fuma compulsivamente usa-se também em inglês o verbo *to chain-smoke*. Confira os exemplos abaixo:

*Gary is a chain-smoker. He smokes about fifty cigarettes a day.*
Gary é um fumante compulsivo. Ele fuma uns cinquenta cigarros por dia.

*Paul sat at the bar and chain-smoked half a pack of cigarettes while waiting for Jane to show up.*
Paul sentou-se ao bar e fumou compulsivamente meio maço de cigarros enquanto esperava a Jane chegar.

## Funcionário público

As pessoas que trabalham em órgãos públicos ou empresas governamentais são chamadas em inglês de *civil servants*.

*A retired civil servant, Gregory keeps active and fit.*
Funcionário público aposentado, Gregory se mantém ativo e em forma.

## Gabar-se de alguma coisa

Existem duas maneiras bastante usuais em inglês de expressar esta ideia. Podemos dizer *brag about something* ou *boast about something*. Veja os exemplos abaixo:

*William is always bragging about his driving skills.*
William está sempre se gabando de suas habilidades como motorista.

*Paul likes to boast about how intelligent his son is.*
O Paul gosta de se gabar da inteligência do filho.

## Garanhão

Assim como em português, o substantivo inglês *stud* (garanhão), usado para descrever o cavalo de raça destinado à reprodução, pode também se referir a um homem que é sexualmente ativo e viril. Veja o exemplo abaixo:

*Frank thinks he's a real stud.*
O Frank se acha o garanhão.

## Garupa

A palavra equivalente em inglês é *pillion*. Para dizer "ir na garupa" diga *ride pillion*. Veja os exemplos abaixo:

*We went there by motorcycle. I rode pillion.*
Fomos lá de motocicleta. Eu fui na garupa.

*After a couple of hours riding pillion my legs began to hurt.*
Depois de algumas horas indo na garupa minhas pernas começaram a doer.

## Gastão

A palavra usada em inglês é *spendthrift*. Veja o exemplo.

*Greg is a real spendthrift. He never saves any money.*
Greg é mesmo um gastão. Ele nunca economiza dinheiro.

## Golpe; fraude; maracutaia

A palavra *scam* é usada em inglês quando o assunto é um esquema fraudulento.

*They made loads of money with the insurance scam.*
Eles ganharam uma dinheirama com o golpe do seguro.

## Gorducho; rechonchudo

Dois adjetivos coloquiais usados neste contexto são *plump* e *chubby*. Confira os exemplos:

*Malcom: What does she look like?*
Malcom: Qual é a aparência dela?
*Dennis: Well, she's short, brunette and rather plump, actually.*
Dennis: Bom, ela é baixa, morena e um tanto rechonchuda, de fato.

*You see that chubby guy over there? That's the guy you're looking for.*
Tá vendo aquele gorducho ali? Aquele é o cara que você está procurando.

★ **Veja também: baixinho p. 30; barrigudo p. 32; dentuço p. 74 e magricela p. 120**

## Guarda-costas

Em inglês se diz *bodyguard*. Veja o exemplo:

*Many wealthy businessmen have bodyguards.*
Muitos empresários ricos têm guarda-costas.

★ **Veja também: salva-vidas p. 162**

## Há quanto tempo (a gente não se vê!)

A expressão corrente em inglês é "*long time no see!*", observe que não há lógica gramatical nessa frase fixa.

*Hey Fred, long time no see! How are you doing man?*
Ei Fred, há quanto tempo! Como é que você está cara?

## Hotel 5 estrelas

A frase "*a five-star hotel*" é bastante comum e talvez você já a tenha visto antes. Por acaso você já se perguntou por que o substantivo *star* nessa frase está no singular e não no plural? Afinal de contas, são cinco estrelas, certo? Pois bem, aqui cabe uma explicação. Além de vir sempre antes dos substantivos que estão qualificando, os adjetivos em inglês tem uma forma única para o masculino, o feminino, o singular e o plural. Observe o adjetivo *tall* nos exemplos abaixo:

*a tall boy* (um menino alto)
*tall boys* (meninos altos)
*a tall girl* (uma menina alta)
*tall girls* (meninas altas)

Como você deve ter reparado, o adjetivo *tall* permanece o mesmo, tanto para qualificar menino, menina, meninos ou meninas. O mesmo principio se aplica à frase "*a five-star hotel*", onde o substantivo *hotel* é qualificado pela forma adjetiva *five-star*. Quer mais exemplos? Então veja estas outras frases abaixo:

*A four-day trip* (uma viagem de quatro dias)
*A fifteen-year old girl* (uma garota de quinze anos)
*A three-car garage* (uma garagem para três carros)
*A two-week course* (um curso de duas semanas)
*A hundred-dollar bill* (uma nota de cem dólares)

E agora um exemplo em uma frase contextualizada:

*The newlyweds spent their honeymoon in a five-star hotel in the Caribbean.*
Os noivos passaram a lua de mel em um hotel cinco estrelas no Caribe.

## Incerto; vago

Além dos adjetivos *uncertain* e *vague*, uma expressão informal bastante usada neste contexto é *up in the air*. Veja o exemplo:

> *Even though Gary is just about to graduate from college, his plans for next year are still up in the air.*
> Embora Gary esteja prestes a terminar a faculdade, seus planos para o próximo ano ainda são incertos.

## Insubstituível

O adjetivo correspondente em inglês é *irreplaceable*. Veja os exemplos:

> *"Nobody is irreplaceable in the workplace", said Ken at the meeting.*
> "Ninguém no mercado de trabalho é insubstituível", disse Ken na reunião.

> *"Let me make this very clear: no one on the team is irreplaceable", said the coach.*
> "Quero deixar bem claro: ninguém no time é insubstituível.", disse o técnico.

## Intoxicação alimentar

Em inglês se diz *food poisoning*. A palavra *food* você já conhece bem, não é verdade? Basta lembrar de *fast food*. *Poisoning* é o substantivo formado a partir do verbo *to poison/poisoned/poisoned*, que significa envenenar. Confira os exemplos:

> *Fred came down with food poisoning while he was on vacation in Peru.*
> Fred teve intoxicação alimentar enquanto estava de férias no Peru.

> *People suffering from food poisoning symptoms should see a doctor for medical advice.*
> As pessoas com sintomas de intoxicação alimentar devem ir ao médico para se aconselhar.

## Inútil; imprestável

Além do adjetivo *useless* (imprestável, inútil), a expressão coloquial *no-good* é muito usual em inglês, nesse contexto. Veja os exemplos:

*You know Nick. He's just a no-good prick!*
Você conhece o Nick. Ele não passa de um cretino inútil!

*The old car Jim bought was a no-good piece of junk.*
O carro velho que o Jim comprou era uma lata velha imprestável.

"*A no-good check*" equivale em inglês a um cheque sem fundos.

## Invadir um sistema ou rede de computadores

Para expressar essa ideia em inglês usa-se o phrasal verb *to break into/broke into/broken into*. Confira os exemplos:

*The hackers that broke into the company's computer system have not been tracked down yet.*
Os hackers que invadiram o sistema de computadores da empresa ainda não foram encontrados.

*Breaking into computer networks is a crime.*
Invadir redes de computadores é um crime.

## Inveterado; incorrigível

O adjetivo *confirmed* expressa essa ideia em inglês. Veja os exemplos abaixo:

*Don't even try to talk Leo out of smoking. He is a confirmed smoker.*
Nem tente fazer o Leo parar de fumar. Ele é um fumante inveterado.

*It seems Ray is a confirmed atheist. He doesn't believe in anything.*
Parece que o Ray é um ateísta inveterado. Ele não acredita em nada.

## Ir direto ao ponto; ir direto ao assunto

Os falantes nativos do inglês usam a expressão *cut to the chase*, que é bastante comum nesse contexto. Veja os exemplos:

*Sorry, I'm in a hurry. Can you please cut to the chase?*
Desculpe, estou com pressa. Você pode por favor ir direto ao assunto?

*"All right, let's stop the chitchat and cut to the chase", said Mr. Williams at the beginning of the meeting.*
"Muito bem, vamos parar com o papo-furado e ir direto ao assunto", disse o sr. Williams no início da reunião.

*Can you please cut to the chase and tell us what really happened?*
Você pode por favor ir direto ao ponto e dizer o que realmente aconteceu?

## Irmãos

Você já sabe que o plural de *brother*, *brothers*, é usado para se referir a irmãos homens apenas. Mas então que palavra usar quando precisamos dizer que temos um determinado número de irmãos, sendo alguns homens e outros, mulheres? Use o substantivo *sibling*, que significa tanto irmão quanto irmã. Confira os exemplos contextualizados abaixo:

*Sharon: You have a big family, right? How many siblings do you have?*
Sharon: Você tem uma família grande, não é? Quantos irmãos você tem?
*Howard: Five siblings. Two brothers and three sisters.*
Howard: Cinco irmãos. Dois homens e três mulheres.

*Neil has three siblings: two sisters and one brother.*
O Neil tem três irmãos: duas irmãs e um irmão.

## Já estou indo!

Cuidado quando precisar dizer a frase acima em inglês. Embora o verbo equivalente a "ir" em inglês seja o verbo *to go/went/gone*, um falante nativo do idioma diria "*I'm coming!*", ou seja, usaria o verbo *to come/came/come*. Confira o exemplo:

> *"I'm coming!", said Joe when his wife announced that dinner was ready.*
> "Já estou indo!", disse Joe quando sua esposa avisou que o jantar estava pronto.

## Jantar a luz de velas

A expressão corrente em inglês é *candlelit dinner*. O equivalente em inglês a castiçal é *candlestick* ou *candle holder*.

> *Candlelit dinners are romantic.*
> Os jantares a luz de velas são românticos.
>
> *The tables in the restaurant were beautifully decorated with red tablecloths, flowers and silver candlesticks.*
> As mesas no restaurante estavam lindamente decoradas com toalhas vermelhas, flores e castiçais de prata.

## Jogar duro

Quando o contexto for trabalhar ou agir de forma agressiva, competitiva ou impiedosa, ou seja, "jogar duro", a expressão equivalente em inglês é *play hardball*. Veja os exemplos:

> *Some people believe you have to play hardball to get ahead in the business world.*
> Algumas pessoas acreditam que é necessário jogar duro para ter sucesso no mundo dos negócios.
>
> *Businessmen sometimes play hardball to get what they want.*
> Os homens de negócios às vezes jogam duro para conseguir o que querem.

## Jogar lenha na fogueira

Quando a ideia for piorar uma situação que já está ruim ou tensa, a expressão equivalente em inglês é *add fuel to the fire*. Confira os exemplos:

> *"The conflict between Simon and Randy is already tense as it is, so let's not add fuel to the fire!", said Frank to his friends.*
> "O conflito entre o Simon e o Randy já está tenso, então não vamos jogar mais lenha na fogueira!", disse Frank aos amigos.
>
> *Janice's comments only added fuel to the fire.*
> Os comentários da Janice apenas jogaram lenha na fogueira.

## Juro por Deus!

Em inglês se diz "*I swear to God!*". Observe o uso da preposição *to*, nesse caso.

> *I had nothing to do with what happened. I swear to God!*
> Não tive nada a ver com o que aconteceu. Juro por Deus!

## Largar tudo

Quando o contexto for fugir da vida agitada da cidade, da pressão do trabalho ou da rotina, a expressão indicada em inglês é *get away from it all*.

> *Sometimes I just feel like getting away from it all. Don't you?*
> Às vezes eu sinto vontade de largar tudo. Você não?

## LER (Lesão por Esforços Repetitivos)

A sigla equivalente em inglês é *RSI*, com o significado de *Repetitive Strain Injury*, ou seja, lesão por esforço repetitivo. Confira os exemplos abaixo:

> *Claire is on sick leave. She got RSI from operating the computer all day long.*
> A Claire está de licença. Ela teve LER por usar o computador o dia inteiro.

> *Some people may get RSI from using a computer too long.*
> Algumas pessoas podem ter problemas com LER ao usar um computador por muito tempo.

★ **Veja também: siglas p. 165**

## Levar jeito com; ter jeito com

A expressão correspondente em inglês é *have a way with*. Veja o exemplo:

> *Sally has always had a way with kids. No wonder she's a sitter!*
> A Sally sempre teve jeito com crianças. Não é de se admirar que ela é baby-sitter!

## Loja de bebidas alcoólicas

São conhecidas na Inglaterra por *off-license*. O termo faz menção à licença que permite a venda de garrafas fechadas de bebidas alcoólicas para serem consumidas *off the licensed premises*, ou seja, em outro local que não seja as dependências da loja. Nos Estados Unidos são chamadas de *liquor store*. Confira os exemplos:

> *We stopped at a local off-license to buy a bottle of red wine for our host.*
> Paramos em uma loja de bebidas do bairro para comprar uma garrafa de vinho tinto para o nosso anfitrião.
>
> *"I need to stop by a liquor store, remember? I want to buy a bottle of vodka", said Nick to his friends.*
> "Preciso parar em uma loja de bebidas alcoólicas, lembram? Quero comprar uma garrafa de vodka", disse Nick aos amigos.

★ **Veja também: birita p. 37 e barman p. 31**

## Macetes

Em inglês podemos utilizar o termo *tricks* ou a expressão *ins and outs*. Confira os exemplos:

> *If you need any information about the job you can talk to Eddy. He knows all the tricks of the trade.*
> Se você precisar de informação sobre o serviço pode falar com o Eddy. Ele conhece todos os macetes da profissão.
>
> *It takes a little while to learn the ins and outs of any business.*
> Leva algum tempo para aprender os macetes de qualquer negócio.

## Magricela

É comum em inglês o uso do adjetivo *skinny* para se referir a uma pessoa *very thin* (muito magra). Confira os exemplos:

*Who's that skinny guy over there?*
Quem é aquele magricela ali?

*Dana: What does Greg look like?*
Dana: Qual é a aparência do Greg?
*Sally: He's tall and skinny.*
Sally: Ele é alto e magricela.

★ **Veja também: baixinho p. 30; dentuço p. 74; barrigudo p. 32; gorducho p. 112**

## Mancada; gafe

Há algumas palavras que podem ser usadas em inglês nesse sentido, como o substantivo *blunder* e a expressão de origem francesa *faux pas*, normalmente usada em contextos sociais. O destaque aqui fica por conta do termo informal *goof*, muito usado pelos falantes nativos de inglês, e que pode ser empregado tanto como substantivo ou verbo. Confira os exemplos:

*Harry made a real goof by making that silly comment.*
Harry deu uma mancada ao fazer aquele comentário tolo.

*If Mike hadn't goofed we wouldn't have missed the train!*
Se o Mike não tivesse dado mancada nós não teríamos perdido o trem!

*"Oh no! It looks like Randy goofed again!", said Sean to his friends.*
"Ah não! Parece que o Randy deu mancada de novo!", disse Sean aos amigos.

## Mancar

Podemos usar o verbo *to limp/limped/limped* ou também dizer *walk with a limp*. Veja os exemplos:

*Bernard limped off the field with a knee injury.*
Bernard saiu mancando do campo com um machucado no joelho.

*Fred has been walking with a limp since he got hurt playing football.*
Fred está mancando desde que se machucou jogando futebol americano.

## Mandão

O adjetivo equivalente em inglês é *bossy*. Observe que esse adjetivo é formado a partir do substantivo *boss* (chefe). Existe também um phrasal verb muito usado pelos americanos: *boss someone around*, que significa tratar alguém de forma autoritária. Confira os exemplos:

*I had no idea Diane was so bossy. How can you put up with that?*
Não fazia ideia de que a Diane fosse tão mandona. Como você aguenta isso?

*"I hate the way Thomas is always bossing us around!", said Bob to his friends.*
"Odeio o jeito autoritário que o Thomas sempre nos trata!", disse Bob aos amigos.

## Manifestação

O termo comumente utilizado em inglês para se referir a uma manifestação é *demonstration*, e o equivalente à manifestante é *demonstrator*. Confira todos os exemplos:

*There have been demonstrations against the war.*
Tem havido manifestações contra a guerra.

*A demonstration against the new economic policy caused the traffic to stall.*
Uma manifestação contra a nova política econômica fez o trânsito parar.

*Five demonstrators were arrested.*
Cinco manifestantes foram presos.

## Material de escritório

Em inglês o termo *office supplies* pode se referir tanto a pequenos itens usados diariamente em um escritório como papel, caneta, grampeador etc., quanto a equipamentos como impressoras, computadores e até móveis de escritório. Ainda nesse contexto, uma papelaria é chamada de *stationery store* nos Estados Unidos ou *stationer's* na Inglaterra.

*I need to go to the stationery store today. We are running low on office supplies.*
Preciso ir a papelaria hoje. O nosso material de escritório está acabando.

*Sharon: Do we need any office supplies?*
Sharon: Precisamos de algum material de escritório?
*Vince: I guess so, let me see, paper clips, staples and scotch tape.*
Vince: Acho que sim, deixe-me ver, clipes, grampos e durex.

★ **Veja também: durex p. 79**

## Me deu um branco

A expressão correspondente em inglês é "*my mind went blank*", ou seja, "deu um branco na mente". Veja os exemplos abaixo:

*I was so nervous during the exam that my mind went blank.*
Eu estava tão nervoso durante o exame que me deu um branco.

*When Mary asked me where I had been in the morning my mind went blank.*
Quando a Mary me perguntou onde eu havia estado de manhã, me deu um branco.

# Meio alto; "alegre"

O adjetivo *tipsy* é usado em inglês para se referir à sensação de estar levemente embriagado após a ingestão de bebidas alcoólicas. Veja os exemplos abaixo:

*Jim: How about some more wine?*
Jim: Mais um pouco de vinho?
*Linda: No, thanks! I've had enough. I feel tipsy already.*
Linda: Não, obrigada! Já bebi bastante. Já estou me sentindo meio alta.

*Randy always talks a lot when he gets a little tipsy.*
Randy sempre fala muito quando fica meio alto.

★ **Veja também: birita p. 37**

# Melhorar de vida

É comum expressar em inglês essa ideia através do sentido figurativo do *phrasal verb to move up/moved up/moved up*. Veja o exemplo:

*"Alan has just moved into a more spacious apartment and bought a new car. He's sure moving up!", said Linda to her friends.*
"O Alan acabou de mudar para um apartamento maior e comprar um carro novo. Ele está realmente melhorando de vida!", disse Linda às amigas.

# Ménage à trois

Embora esta expressão de origem francesa também seja usada nos países de língua inglesa, o termo coloquial *threesome* é bastante comum entre os falantes nativos de inglês para se referir a uma relação sexual que envolva três pessoas.

*How about a threesome? Tim jokingly suggested to his friends Carol and Sally*

Que tal um *ménage à trois*? Tim sugeriu brincando para as amigas Carol e Sally.

★ **Veja também: beijo de língua p. 33; bem-dotado p. 34; bom de cama p. 40; boquete p. 41; consolo p. 63; preliminares p. 150; rapidinha p. 158**

## Mentirinha

Uma "mentira social" que não trás maiores consequências, ou seja, uma mentirinha, é chamada em inglês de *white lie*.

*"That was just a white lie. It didn't harm anyone", said Kenny.*
"Foi só uma mentirinha. Não prejudicou ninguém", disse Kenny.

## Metido; prepotente

O termo *stuck-up* é usado informalmente em inglês para se referir a pessoas arrogantes, presunçosas ou que se consideram mais importantes do que os outros. Confira os exemplos contextualizados abaixo:

*Gary is so stuck-up! He thinks he's cream of the crop just because he's loaded.*
O Gary é tão metido! Ele se acha o máximo só porque tem grana.

*A: What's the matter? Don't you get along with Ryan?*
A: Qual é o problema? Você não se dá bem com o Ryan?
*B: Well, to tell you the truth, I think he's a little stuck-up for my taste.*
B: Bom, para te dizer a verdade, eu acho que ele é um pouco metido demais para o meu gosto.

## Meus parabéns!

Uma maneira informal de cumprimentar alguém em inglês por uma realização ou conquista é dizendo "*my congrats!*", sendo *congrats* a abreviação de *congratulations*. Veja os exemplos a seguir:

*You've done a great job. My congrats!*
Você fez um ótimo serviço. Meus parabéns!

*"I heard you just got promoted. My congrats!", said Bill to a coworker.*
"Ouvi dizer que você acabou de ser promovido. Meus parabéns!", disse Bill a um colega de trabalho.

## Mil vezes; um monte de vezes

A expressão correspondente em inglês é *umpteen times*, também usada, assim como em português, de forma enfática.

*I've told you umpteen times to stop calling me that name.*
Já te disse mil vezes para parar de me chamar desse nome.

*Jeff has been there umpteen times and still he can't remember the way.*
O Jeff já esteve lá um monte de vezes e mesmo assim não se lembra do caminho.

## Mina; gata

A palavra *chick*, que também significa pintinho, é usada como gíria nesse sentido.

*Brian: Hey, Dave, check out that chick over there!*
Brian: Ei, Dave, olha só aquela gata ali!
*Dave: Wow, she's a real knockout!*
Dave: Uau, ela linda mesmo!
*Brian: You can say that again!*
Brian: Concordo plenamente!

*"I love this place. There are always lots of hot chicks here", said Rick to his buddies.*
"Adoro este lugar. Há sempre um monte de minas lindas aqui" disse Rick aos amigos.

## Mixaria; muito pouco dinheiro

Além de significar amendoim, *peanuts* é a gíria usada pelos falantes nativos de inglês para se referir a valores irrisórios. Confira os exemplos abaixo:

> *Will: My monthly expenses work out to about one thousand dollars.*
> Will: Minhas despesas mensais chegam a aproximadamente mil dólares.
> *Jeff: Oh, come on, stop grumbling. That's peanuts compared to my expenses!*
> Jeff: Ah, vai, para de reclamar. Isso é mixaria, comparado com meus gastos!
>
> *"The salary they pay there is peanuts compared to what I used to make", said Larry to a friend.*
> "O salário que eles pagam lá é mixaria, comparado com o que eu ganhava", disse Larry para um amigo.

## Moleza; muito fácil

Além da usual expressão *piece of cake* usada neste contexto, temos também o termo informal *cinch*: *it's a cinch* (é moleza; muito fácil). Veja os exemplos abaixo:

> *Miles: "Did you figure out how to use that new computer program?"*
> Miles: "Você descobriu como usar aquele programa de computador novo?
> *Dennis: "Sure. It was a cinch!"*
> Dennis: "Claro. Foi moleza!"
>
> *"The exam was a cinch", said Harry to his classmates.*
> "O exame foi moleza", disse Harry aos colegas de classe.

## Molhar o bico

Esta expressão informal com o significado de tomar bebida alcoólica tem sua equivalência em inglês na expressão *wet one's whistle*. Confira o exemplo abaixo:

> *Every night Burt drops by the pub to wet his whistle.*
> Toda a noite Burt dá um pulo no *pub* para molhar o bico.

★ **Veja também: afogar as mágoas p. 13**

## Mordomia

O termo equivalente em inglês é *perks*, palavra normalmente usada no plural. Confira os exemplos:

> *Some of the perks offered by the firm include a cell phone and a company car.*
> Algumas das mordomias oferecidas pela empresa incluem um telefone celular e um carro.

> *The salary they pay at that company is not that good, but the perks are great.*
> O salário que eles pagam naquela empresa não é lá essas coisas, mas as mordomias são ótimas.

## Morrendo de fome; faminto

Além do adjetivo *starving* (faminto) é muito comum também nesse contexto o termo *famished*. Confira os exemplos:

> *"Is lunch ready? I'm famished!", said Trevor to his wife.*
> "O almoço está pronto? Eu estou morrendo de fome!", disse Trevor à esposa.

> *"It's been a long day. You must be tired and famished!", Rick told Mark and Glenn.*
> "Foi um dia cheio. Vocês devem estar cansados e famintos!", o Rick disse para o Mark e o Glenn.

## Morrendo de frio

A expressão usual corrente em inglês é *freezing to death*. Veja o exemplo:

> *Can you turn on the heater please? I'm freezing to death!*
> Você pode ligar o aquecedor por favor? Estou morrendo de frio!

## Nadando em dinheiro; cheio da grana

Há várias formas de expressar essa ideia em inglês. Podemos dizer *rolling in dough* ou *rolling in it*. A forma adjetiva *loaded*, também pode, em um de seus contextos, significar "cheio da grana". Uma outra expressão ainda é *sitting pretty*, usada para se referir a alguém que possui uma boa situação financeira. Confira todos os exemplos abaixo:

> *"Barry's a lucky guy. His new wife is rolling in it", Tina told her friends.*
> "O Barry é um cara de sorte. A nova esposa dele está nadando em dinheiro", Tina disse às amigas.

> *Rita doesn't really need to work. Her parents are loaded.*
> A Rita não precisa trabalhar, na verdade. Os pais dela são cheios da grana.

> *Randy's parents left him enough money for him to be sitting pretty for the rest of his life.*
> Os pais do Randy deixaram dinheiro suficiente para ele ficar em uma boa situação financeira pelo resto da vida.

## Não estar nem aí; estar se lixando

A expressão *not give a damn* é bastante usual nesse contexto. Há também uma maneira menos educada de expressar esta ideia, usando a expressão *not give a shit*. Uma outra alternativa ainda é dizer *couldn't care less*. Confira os exemplos:

*"I don't give a damn about what the others may think. I'll do what I think is right", said Will.*
"Estou me lixando para o que os outros possam pensar. Vou fazer o que eu acho que é certo", disse Will.

*"I don't give a shit about what they said", Greg told Vince.*
"Não estou nem aí para o que eles disseram", Greg disse a Vince.

*"I'm not interested in your opinion. Actually, I couldn't care less!", Laila told Frank.*
"Não estou interessada em sua opinião. Na verdade, estou me lixando!", Laila disse para Frank.

## Não fazer a mínima ideia

A expressão comum em inglês nesse caso é *not to have a clue*.

*"I don't have a clue where Tony went to last night. All I know is he came back pretty late", said Lisa.*
"Não faço a mínima ideia de para onde o Tony foi ontem à noite. Só sei que ele voltou bem tarde", disse Lisa.

*"I don't have a clue how we can get there. Let's ask Frank", said Mike.*
"Não faço a mínima ideia de como chegar lá. Vamos perguntar ao Frank", disse Mike.

## Não me entenda mal

Uma frase recorrente entre os falantes nativos de inglês: *don't get me wrong*. Veja os exemplos:

*"Please don't get me wrong, but I think we should change our sales strategy", said Daniel at the meeting.*
"Por favor, não me entenda mal, mas eu acho que devemos mudar a nossa estratégia de vendas", disse Daniel na reunião.

*"Don't get me wrong, but I don't think that is a good idea", Steve told Josh.*
"Não me entenda mal, mas não acho que seja uma boa ideia", Steve disse a Josh.

## Não medir esforços

Nesse contexto é bastante comum a expressão *go out of one's way*. Confira o exemplo:

*Fred will go out of his way to help a friend in need.*
Fred não mede esforços para ajudar um amigo em necessidade.

## Não poder deixar de; não poder evitar

A expressão *can't help/couldn't help* é bastante usual nesse contexto. Observe que se você usar um verbo imediatamente após esta expressão ele deve vir na forma gerúndio.

*Sarah couldn't help crying when she heard the news.*
Sarah não pode deixar de chorar quando ouviu as notícias.

*"I can't help feeling guilty about what happened.", said Ryan.*
"Não posso deixar de me sentir culpado pelo o que aconteceu.", disse Ryan.

## Não ver a hora de

Uma boa maneira de expressar esta ideia em inglês é dizendo *can't wait to do something*. Confira o exemplo a seguir:

*"I can't wait to go to the beach on vacation. I really need to unwind", said Fred to a friend.*
"Não vejo a hora de ir à praia nas férias. Eu realmente preciso relaxar", disse Fred a um amigo.

## Nascido e criado em...

A expressão equivalente em inglês é "*born and bred in...*" Há também a forma alternativa "*born and raised in...*". Confira os exemplos:

*Dick: What nationality is Paul?*
Dick: Qual é a nacionalidade do Paul?
*Mia: He's English, born and bred in London.*
Mia: Ele é inglês, nascido e criado em Londres.

*Harry was born and raised in Australia but now lives in the U.S.*
Harry nasceu e se criou na Austrália, mas agora vive nos Estados Unidos.

*Nick is a New Yorker born and bred!*
O Nick é nova-iorquino da gema!

## No cio

Em inglês se diz *in heat*. Veja o exemplo:

*We always keep our dog on a leash when she's in heat.*
Sempre mantemos nossa cachorra na coleira quando ela está no cio.

## No máximo

Além da expressão *at most* (no máximo) a expressão informal *tops* é muito empregada nesse contexto pelos falantes nativos de inglês. Veja os exemplos:

*"Half an hour, tops", said Bernie when Joe asked him how long it would take him to get to his place.*
"Meia hora, no máximo", disse Bernie quando Joe perguntou a ele quanto tempo ele levaria para chegar em sua casa.

*"The teacher made it clear that the essay should be two pages, tops", Janice told a classmate.*
"A professora deixou claro que a composição deveria ter no máximo duas páginas", Janice disse a uma colega de classe.

## Nu em pelo; completamente pelado

O equivalente em inglês é *stark naked*. Veja os exemplos:

*No one believed when Frank walked into the dining room stark naked.*
Ninguém acreditou quando Frank entrou na sala de jantar nu em pelo.

*Tony likes to sleep stark naked in the summer.*
O Tony gosta de dormir completamente pelado no verão.

## O gato comeu sua língua?

A frase equivalente em inglês é praticamente uma tradução literal: "*the cat got your tongue?*". Veja o exemplo contextualizado abaixo:

*I haven't heard your voice all day. What's the matter with you? The cat got your tongue?*
Não ouvi sua voz o dia todo. Qual é o problema com você? O gato comeu sua língua?

## Óculos escuros

Além da palavra *sunglasses*, existe em inglês um termo informal muito usado nesse caso: *shades*. Confira os exemplos:

*Clive showed up at the party wearing a leather jacket and shades.*
Clive apareceu na festa usando uma jaqueta de couro e óculos escuros.

*"Bianca bought some really cool shades in Italy", said Tina to her friends.*
"Bianca comprou um par de óculos escuros super legal na Itália", disse Tina às amigas.

## Odiar alguém

Além do verbo regular *to hate/hated/hated* (odiar) existe também em inglês uma expressão coloquial bastante comum, usada de forma enfática: "*hate someone's guts*". Confira os exemplos:

*"I hate your guts!", Diane told Tim before hanging up on him.*
"Eu te odeio!", Diane disse ao Tim antes de bater o telefone na cara dele.

*"Mark is such an arrogant prick. I hate his guts!", said Danny to a friend.*
"O Mark é um idiota arrogante. Odeio ele!", disse Danny a um amigo.

## Ok. Você venceu!

Essa é uma expressão bastante comum tanto em português quanto em inglês. Mas observe que, enquanto nós brasileiros dizemos "você venceu!", com o verbo conjugado no passado, o equivalente em inglês é "*you win!*", ou seja, o verbo *to win/won/won* é empregado no tempo presente. Veja o pequeno diálogo abaixo que ilustra essa expressão:

*A: How about a drink at the pub?*
A: Que tal um drinque no pub?
*B: I don't know. I'm really tired. I just feel like going home.*
B: Não sei. Estou bastante cansado. Só tenho vontade de ir para casa.
*A: Come on, it's still early!*
A: Ah, vai! Ainda é cedo!
*B: To be honest with you, I don't really feel like it. We'll go some other night.*
B: Pra ser sincero com você, não tenho vontade mesmo. Vamos uma outra noite.
*A: OK, you win!*
A: OK, você venceu!

## Olheiras

Podemos expressar essa ideia em inglês dizendo *bags under one's eyes*. Duas outras opções são: *dark rings under one's eyes* e *dark circles under one's eyes*.

> *I think you need to get some sleep. You have bags under your eyes.*
> Acho que você precisa dormir um pouco. Você está com olheiras.

> *Barry looked at himself in the mirror and checked the dark rings under his eyes.*
> Barry se olhou no espelho e observou as olheiras.

> *The old woman had dark circles under her eyes.*
> A velha tinha olheiras.

## Olho roxo

Não caia na armadilha de traduzir literalmente olho roxo por *purple eye*: o equivalente é *black eye*. Veja o exemplo contextualizado abaixo:

> *Jim came out of the fight with a broken tooth and a black eye.*
> Jim saiu da briga com um dente quebrado e um olho roxo.

## Orelha de livro

É claro que nem todos os livros tem orelha, mas quando precisar se referir aos que tem, use em inglês a palavra *flap*. A orelha da frente é chamada de *front flap* e a de trás, *back flap*. Confira o exemplo abaixo:

> *There's a summary of the book's contents in the front flap.*
> Tem um resumo do conteúdo do livro na orelha da frente.

> *A brief biographical sketch of the author can be found in the back flap of the book.*
> Tem um resumo biográfico do autor na orelha de trás do livro.

## Otorrinolaringologista

Uma palavra difícil de pronunciar até para nós brasileiros. Embora também exista em inglês a palavra *otolaryngologist*, o médico especialista em ouvido, nariz e garganta é normalmente chamado de *ear, nose and throat specialist*.

> *They have several kinds of doctors in that hospital: gynecologists, cardiologists, pediatricians and ear, nose and throat specialists.*
> Eles tem vários tipos de médicos naquele hospital: ginecologistas, cardiologistas, pediatras e otorrinos.

★ **Veja também: fisioterapia p. 106 e fonoaudiologia p. 107**

## Outdoor

Sabe como se diz outdoor em inglês? Os americanos dizem *billboard* e os ingleses, *hoarding*. Mas como? Outdoor não é *outdoor* em inglês?, talvez você esteja pensando. Na verdade o termo outdoor usado no Brasil tem origem na expressão *outdoor advertisement* (propaganda externa; ao ar livre). Veja os exemplos:

> *"I think the advertising campaign should also include billboards all over the city", said Bill at the meeting.*
> "Acho que a campanha publicitária deve também incluir outdoors por toda a cidade", disse Bill na reunião.

> *Have you seen the billboards advertising a new kind of sunscreen?*
> Vocês viram os outdoors anunciando um novo tipo de protetor solar?

★ **Veja também: barman p. 31; cooper p. 64; em "off" p. 84; shopping p. 165; smoking p. 170 e trailer p. 181**

## Ovos caipira

Os ovos produzidos por galinhas que não são confinadas a gaiolas, e que informalmente chamamos de ovos caipira, são conhecidos em inglês por *free range eggs*.

> *Free range eggs are normally considered to be healthier.*
> Os ovos caipira costumam ser considerados mais saudáveis.

## Pães

Para se referir ao tradicional pãozinho francês diga *roll*. Já no caso do pão de hambúrguer, redondo, a palavra correspondente em inglês é *bun*. Veja no quadro abaixo alguns outros tipos de pão:

| PORTUGUÊS | INGLÊS |
| --- | --- |
| Pão de alho | garlic bread |
| Pão de centeio | rye bread |
| Pão de forma | sliced loaf |
| Pão de queijo | cheese bread |
| Pão integral | wholemeal bread/ wholewheat bread |
| Pão sírio | pita bread |
| Pão com gergelim | sesame seed bread |

## Palavrão

O substantivo *swearword* é usado em inglês para se referir às palavras de baixo calão. O termo *four-letter word* também é usado nesse sentido, especialmente quando o palavrão em questão for curto, normalmente com quatro letras. O verbo irregular *to swear/swore/sworn*, que significa "jurar", também é usado com o sentido de falar palavrão, xingar. Confira todos os exemplos abaixo:

> *Mario's English is getting better. He can even use some swearwords now.*
> O inglês do Mario está melhorando. Ele até já sabe usar alguns palavrões.
>
> *The publisher told Robin that they would consider publishing his book as long as some four-letter words were crossed out.*
> A editora disse ao Robin que eles pensariam em publicar seu livro contanto que alguns palavrões fossem excluídos.
>
> *Jake always swears when he gets angry like that.*
> O Jake sempre fala palavrão quando fica bravo assim.
>
> *Nancy left the room as soon as Rod started swearing at her.*
> A Nancy saiu do quarto assim que o Rod começou a xingá-la.

## Papelada; trabalho burocrático

O termo *paperwork* é usado em inglês para se referir tanto ao trabalho que envolve o preenchimento, manuseio e controle de formulários, cartas, relatórios, fichas etc., quanto à papelada ou documentação gerada por este tipo de trabalho. Veja os exemplos:

> *Running a company involves keeping track of a considerable amount of paperwork.*
> Dirigir uma empresa envolve manter controle de uma quantidade considerável de papelada.
>
> *The new software helped us reduce our papework by approximately seventy per cent.*
> O novo software nos ajudou a reduzir a papelada em aproximadamente setenta por cento.

*Who's in charge of the paperwork at your company?*
Quem é responsável pelo trabalho burocrático na sua empresa?

## Papo furado; conversa fiada

*Small talk* e *chitchat* são duas expressões bastante comuns em inglês nesse contexto.

*"All right, folks! Let's skip the small talk and get down to business", said Ryan as he entered the meeting room.*
"Ok pessoal! Vamos deixar de papo furado e ir ao que interessa", disse Ryan ao entrar na sala de reunião.

*We don't have time to waste, so let's drop the chitchat.*
Não temos tempo a perder, então vamos deixar de conversa fiada.

## Para onde você está indo?

É claro que você pode sempre usar o trivial "*where are you going?*", mas é sempre bom conhecer uma outra forma, especialmente quando ela é bastante usual. É o caso de "*where are you headed?*". Veja o exemplo abaixo:

*Hey Nick, small world! Where are you headed?*
Ei Nick, que mundo pequeno! Para onde você está indo?

## Paraíso fiscal

A expressão *tax haven* é usada em inglês para se referir a países onde os impostos são baixos ou inexistentes, como é o caso da Suíça e das Ilhas Cayman no Caribe. Confira os exemplos:

*Tax havens are characterized by low tax rates and highly reputable banks.*
Baixas taxas de impostos e bancos de alta reputação são características de paraísos fiscais.

*Switzerland, Jersey, Bahamas and Cayman Islands are some of the most popular tax havens.*
Suíça, Jersey, Bahamas e Ilhas Cayman são alguns dos mais conhecidos paraísos fiscais.

## Partir o coração; magoar

A expressão idiomática usada em inglês nesse contexto é *break someone's heart*. Existe também a forma adjetiva: *heartbreaking* (doloroso, de partir o coração, triste). Confira os exemplos:

*Seeing homeless children in the streets breaks Mary's heart.*
Ver crianças sem-teto nas ruas parte o coração da Mary.

*Frank's broken a lot of girls' hearts.*
O Frank já magoou muitas garotas.

*I nearly cried when I heard Nancy's heartbreaking story.*
Eu quase chorei quando ouvi a história triste da Nancy.

## Parto; parto normal

Você certamente já conhece o significado mais comum do substantivo *delivery* (entrega), mas você sabia que esta palavra também é empregada com o sentido de parto? Ainda neste contexto, o equivalente a parto normal em inglês é *natural childbirth*. Veja os exemplos:

*"At first we thought that Sabrina would have a difficult delivery, but everything turned out fine", said Dr. Jones.*
"A princípio pensamos que Sabrina teria um parto difícil, mas acabou dando tudo certo", disse o Dr. Jones.

*Natural childbirth is generally considered to be the safest for the baby and the most satisfying for the mother.*
O parto normal é geralmente considerado o mais seguro para o bebê e o mais satisfatório para a mãe.

★ **Veja também: cesariana p. 56; dar à luz p. 69; primogênito p. 151; trabalho de parto p. 181**

## Passar a perna em alguém; enganar

Além dos verbos *to deceive/deceived/deceived* e *to fool/fooled/fooled*, que significam enganar, a expressão coloquial *pull a fast one on someone* também é bastante usual.

*The cunning salesman tried to pull a fast one on Jim.*
O vendedor astuto tentou passar a perna no Jim.

*Watch out for Andrew! He's always trying to pull a fast one on people.*
Cuidado com o Andrew! Ele está sempre tentando passar a perna nas pessoas.

## Passarela

No caso da passarela de desfiles de moda, podemos usar o substantivo *runway*, que em outro contexto significa pista para pouso e decolagem em aeroportos. Uma outra opção para a passarela de desfiles de moda é a palavra *catwalk*. Já se o sentido for uma passarela para pedestres sobre uma rodovia, por exemplo, a palavra indicada é *footbridge*.

*The distinguished audience watched carefully as the models paraded on the runway.*
A plateia distinta observava cuidadosamente as modelos desfilarem na passarela.

*We were advised to use the footbridge to get across the road.*
Fomos aconselhados a usar a passarela para atravessar a estrada.

## Pavio curto

Esta expressão coloquial, que usamos para se referir às pessoas que se irritam facilmente e explodem, tem sua equivalência em inglês na combinação dos adjetivos *short* ou *quick* com o substantivo *temper* (temperamento, gênio): *short temper* ou *quick temper*. Também existe a expressão *short fuse*. Veja os exemplos:

> *You should be careful about what you say to Ryan. He's got a short temper.*
> Você deve tomar cuidado com o que diz para o Ryan. Ele tem pavio curto.
>
> *I wouldn't bring that subject up during the meeting if I were you. Terry has a quick temper and who knows how he might react?*
> Eu não mencionaria este assunto durante a reunião se fosse você. O Terry tem pavio curto e quem sabe como ele poderá reagir?
>
> *"I always avoid arguing with Dick as he has a short fuse", said Harley to his friends.*
> "Sempre evito discutir com o Dick porque ele tem pavio curto", disse Harley aos amigos.

★ **Veja também: perder a calma, "explodir" p. 146; relaxar p. 160**

## Pé na tábua!; acelera!

Em inglês se diz "*step on it!*". Veja o exemplo contextualizado:

> *We'll never make it to the airport on time if you don't step on it!*
> Nós nunca vamos conseguir chegar no aeroporto a tempo se você não pisar na tábua!

## Pechinchar

Além do verbo *to bargain/bargained/bargained*, é também usual nesse contexto o uso do verbo *to haggle/haggled/haggled*. Confira os exemplos:

*"You can get good deals here if you're prepared to bargain", the tour guide told his group when they arrived at the bazaar.*
"Vocês podem conseguir bons negócios aqui se estiverem dispostos a pechinchar", o guia da excursão disse ao grupo quando chegaram ao mercado público.

*We had to haggle hard to get the best price.*
Tivemos que pechinchar bastante para conseguir o melhor preço.

*"Come on, honey, let's not haggle over a few dollars. The price we got is already good enough", Carla told her husband.*
"Ah, vai, querido. Não vamos pechinchar por causa de alguns dólares. O preço que nós conseguimos já está bom", Carla disse ao marido.

O substantivo *bargain* também é usado com o significado de pechincha. Veja o exemplo abaixo:

*We got this rug for half-price, a real bargain!*
Conseguimos este tapete pela metade do preço. Uma pechincha, mesmo!

★ **Veja também: de graça; superbarato p. 71**

## Pé-de-meia

Também existe uma expressão coloquial em inglês para se referir às economias: *nest egg*. Confira o exemplo:

*Mr. Williams has accumulated a respectable nest egg to live comfortably when he retires.*
O sr. Williams fez um pé-de-meia respeitável para viver confortavelmente quando se aposentar.

## Pedir em casamento

Um único verbo pode expressar esta ideia em inglês: *to propose/proposed/proposed*. Além disso existe também uma expressão informal para esse contexto: *pop the question*. Confira os exemplos:

> *"I'll never forget the day Gary proposed to me", said Sheila to her friends.*
> "Nunca vou esquecer do dia em que Gary me pediu em casamento", disse Sheila às amigas.
>
> *"We were having dinner in this wonderful French restaurant when he popped the question", said Rita to her friends.*
> "Nós estávamos jantando num restaurante francês maravilhoso quando ele me pediu em casamento", disse Rita às amigas.
>
> *Nick wanted to make sure the time was right for him to pop the question to his girlfriend.*
> Nick queria ter certeza de que era o momento certo para ele pedir a namorada em casamento.

★ **Veja também: casamento de fachada p. 53; fugir para casar p. 109; subir ao altar p. 174**

## Pé-frio; azarado

O termo equivalente em inglês é *jinx*, usado não apenas para se referir a pessoas, mas a qualquer coisa que supostamente traga azar. Confira os exemplos abaixo:

> *Don't tell anything to Billy just yet. He's such a jinx he might ruin our plans."*
> "Não conte nada ao Billy ainda. Ele é tão pé-frio que pode estragar nossos planos.
>
> *"I can't believe we've lost another game! There must be a jinx on our team", said Howard to his friends.*
> "Não acredito que perdemos outra partida! Deve haver um pé-frio no nosso time", disse Howard aos amigos.

*Mark is real a jinx! Everything seems to go wrong whenever he's around.*
Mark é mesmo um pé-frio! Tudo parece dar errado quando ele está por perto.

## Pegar no pé; encher o saco

Podemos expressar essa ideia em inglês através do verbo *to nag/nagged/nagged*. Confira os exemplos contextualizados abaixo:

*My dad is always nagging me to brush my teeth after meals.*
Meu pai está sempre pegando no meu pé para eu escovar os dentes depois das refeições.

*"If only Rita would stop nagging at me!", said Donald to his friends.*
"Quem me dera a Rita parasse de pegar no meu pé!", o Donald disse aos amigos.

## Peito; colhões; coragem

A expressão coloquial equivalente em inglês é *balls*. A palavra, assim como "colhões", significa "testículos", mas de forma coloquial. Veja os exemplos:

*It takes balls to do what Fred did!*
Precisa ter colhões para fazer o que o Fred fez!

*Do you really think Harry has the balls to answer back to his boss?*
Você acha mesmo que o Harry tem peito para retrucar o chefe?

A forma adjetiva *ballsy*, com o significado de "corajoso", "colhudo", também é usada na linguagem informal.

*Terry is one ballsy guy! No one can deny it.*
O Terry é mesmo colhudo! Não se pode negar.

## Pelo amor de Deus!

Uma expressão equivalente em inglês é *for Christ's sake*. Existem outras formas variantes, igualmente usuais. Podemos dizer: *for God's sake*; *for heaven's sake*; *for goodness' sake* e *for Pete's sake*. Confira os exemplos:

> *"Stop making that noise, for Chirst's sake! I'm trying to read. Can't you see?", said Mike to his roommates.*
> "Parem de fazer esse barulho, pelo amor de Deus! Estou tentando ler. Vocês não estão vendo?", disse Mike para os colegas de quarto.

> *"This is supposed to be a secret, so don't tell them anything, for God's sake!", Terry told Julian.*
> "Isto deve ser mantido em segredo, então não conte nada a eles, pelo amor de Deus!", Terry falou para Julian.

## Pensar direito

É muito comum em inglês a combinação do verbo *think* com o adjetivo *straight* para expressar essa ideia: *think straight*. Confira os exemplos:

> *"Close the door, please. I can't think straight with all that noise", said Michael.*
> "Feche a porta, por favor. Não consigo pensar direito com todo esse barulho", disse Michael.

> *Howard was so excited about the game that he could hardly think straight.*
> Howard estava tão empolgado com o jogo que mal conseguia pensar direito.

## Perder a calma; "explodir"

Uma expressão usual em inglês neste contexto é *lose one's cool*. Veja os exemplos:

> *Hey, take it easy, pal! There's no need for you to lose your cool like that!*

Ei, vai com calma, amigo! Não há razão para você perder a calma assim!

*I wonder what caused Nina to lose her cool like that.*
Não sei o que fez a Nina explodir daquela maneira.

★ **Veja também: pavio curto p. 142; relaxar p. 160**

## Picape

O termo equivalente em inglês é *pickup truck*. Não basta dizer apenas *pickup*, ao contrário do que muitos pensam. Confira o exemplo:

*Joe has a red pickup truck.*
O Joe tem uma picape vermelha.

## Pinicar o nariz

Em inglês se diz *pick one's nose*. Confira os exemplos abaixo:

*"Stop picking your nose!", Laura told Brian.*
"Para de pinicar o nariz!", Laura disse para o Brian.

*"I hate the way Larry is always picking his nose", said Chuck to his friends.*
"Odeio o jeito que o Larry está sempre pinicando o nariz.", disse Chuck aos amigos.

★ **Veja também: ranho p. 158**

## Piscar

Se o significado for o rápido movimento involuntário de fechar e abrir os olhos, o verbo apropriado em inglês é *to blink/blinked/blinked*, já se a ideia for piscar para alguém, dizemos em inglês *to wink at someone*. Confira os exemplos contextualizados abaixo:

*On average, we blink seventeen times a minute.*
Piscamos em média dezessete vezes por minuto.

*Tina winked at George to let him know she was just kidding.*
A Tina piscou para o George para ele saber que ela só estava brincando.

## Pochete

Os americanos dizem *fanny pack*, já na Inglaterra, o termo corrente é *bumbag*. Veja os exemplos:

*"I like to wear a fanny pack when I travel", said Bob to his friends.*
"Gosto de usar uma pochete quando viajo", disse Bob aos amigos.

*Simon wears his bumbag whenever he goes out.*
Simon usa sua pochete sempre que sai.

## Por acaso

A expressão equivalente em inglês é *by chance*. Veja os exemplos:

*"I found these old photos by chance", Sally told Tim.*
"Encontrei estas fotos antigas por acaso", Sally disse ao Tim.

*"I met Sandy by chance in a snack bar downtown", said Ronald to his friends.*
"Encontrei a Sandy por acaso em uma lanchonete na cidade", disse Ronald aos amigos.

## Porta-voz

Podemos dizer em inglês *spokesman*, quando o porta-voz for do sexo masculino, ou *spokeswoman*, quando for do sexo feminino ou ainda *spokesperson* para ambos. Confira o exemplo abaixo:

> *A government spokesperson answered the journalists' questions during the conference press.*
> Um porta-voz do governo respondeu as perguntas dos jornalistas durante a coletiva de imprensa.

## Praça de alimentação

Presente em todos os shopping centers, a praça de alimentação é conhecida em inglês por *food court*. Veja os exemplos:

> *Do you know what floor the food court is on?*
> Sabe em que andar fica a praça de alimentação?
>
> *"Let's go to the food court. I'm kind of hungry.", Jeff told Mike at the mall.*
> "Vamos à praça de alimentação. Estou com um pouco de fome.", Jeff disse ao Mike no shopping center.

## Precipitar-se

A expressão *rush into things* é bastante usual nesse contexto. Uma outra expressão comum em inglês, *jump the gun*, também é empregada com o mesmo significado. Confira os exemplos contextualizados abaixo:

*Let's not rush into things. Why don't we talk to Betty and listen to her side of the story first?*
Não vamos nos precipitar. Por que não conversamos com a Betty e ouvimos a versão dela primeiro?

*Sometimes we make the wrong decisions just because we rush into things.*
Ás vezes tomamos as decisões erradas simplesmente porque nos precipitamos.

*Tony: You shouldn't have told them about the party just yet!*
Tony: Você ainda não deveria ter contado para eles sobre a festa!
*Clint: Oops! Sorry, I guess I jumped the gun!*
Clint:Opa! Desculpe, acho que me precipitei!

*"I think we'd be jumping the gun if we didn't check the facts first.", said Nick to his friends.*
"Acho que estaríamos nos precipitando se não verificássemos os fatos primeiro", disse Nick aos amigos.

## Preliminares

O termo *foreplay* é usado em inglês para se referir à estimulação que precede o ato sexual. Veja os exemplos:

*Foreplay plays a major role in sexual intercourse.*
As preliminares desempenham um papel importante na relação sexual.

*The lubricant fluids produced during prolonged foreplay can help prevent painful intercourse.*
Os fluídos lubrificantes produzidos durante as preliminares prolongadas pode ajudar a evitar dor durante a relação sexual.

★ **Veja também: beijo de língua p. 33; bem-dotado p. 34; bom de cama p. 40; boquete p. 41; consolo p. 63; ménage à trois p. 124; rapidinha p. 158**

## Prestar queixa

A expressão correspondente em inglês é *press charges*. Confira o exemplo:

> *Jill pressed charges against Phil for sexual harassment at the local precinct.*
> Jill prestou queixa contra Phil por assédio sexual no distrito policial local.

★ **Veja também: retirar a queixa p. 160**

## Primogênito

Em inglês se diz *firstborn child*, independentemente do sexo, ou simplesmente *firstborn*. Podemos também dizer *firstborn son*, no caso de ser o primeiro filho homem, ou *firstborn daughter*, se for mulher.

> *Jason is the firstborn child of a family of six children.*
> Jason é o primogênito de uma família de seis filhos.

> *Their firstborn son takes after his father. He's as restless as his father is.*
> O filho primogênito deles puxou o pai. Ele é tão irrequieto quanto o pai.

★ **Veja também: cesariana p. 56; dar à luz p. 69; parto; parto normal p. 140; trabalho de parto p. 181**

## Prisão de ventre

O termo corrente em inglês é *constipation*. Veja o exemplo:

*A high-fiber diet helps prevent constipation.*
Uma dieta rica em fibras ajuda a evitar prisão de ventre.

## Proibido estacionar. Sujeito a guincho.

Fique atento à placa equivalente em inglês, que traz os dizeres "*No parking. Tow-away zone*".

*A "No parking. Tow away zone" sign in the street warned potential violators.*
Uma placa "Proibido estacionar. Sujeito a guincho" alertou possíveis infratores.

★ **Veja também: Proibido jogar lixo p. 152**

## Proibido jogar lixo

A versão em inglês desta placa diz *no littering*. Há também uma outra placa com o mesmo significado e que traz os dizeres *no dumping*.

*The sign on the wall read: No littering. $100 fine.*
A placa na parede dizia: Proibido jogar lixo. Multa de $100 dólares.

*"We cannot leave the trash here. Check out the 'no dumping' sign over there", said Terry to his friends.*
"Não podemos deixar o lixo aqui. Dá uma olhada na placa 'proibido jogar lixo' ali", disse Terry aos amigos.

★ **Veja também: proibido estacionar. sujeito a guincho p. 152**

## Prorrogação (de jogos)

Em inglês americano usa-se os termos *overtime* ou *overtime period*. Na Inglaterra também é usada a expressão *extra time*. Lembre-se também que em linguagem comercial *overtime* é um termo muito usual para se referir a horas extras.

> *A basketball game can include as many overtime periods as necessary to determine a winner.*
> Uma partida de basquete pode incluir quantas prorrogações forem necessárias até um dos times vencer.
>
> *They are working overtime to get the project finished on time.*
> Eles estão fazendo hora extra para terminar o projeto a tempo.

## Pura sorte

A palavra em inglês correspondente ao adjetivo puro(a) pode variar bastante dependendo do contexto. No caso da expressão "pura sorte", o equivalente em inglês é "*sheer luck*". Confira os exemplos abaixo:

> *I actually found Nina's address by sheer luck.*
> Na verdade, eu encontrei o endereço da Nina por pura sorte.
>
> *Gabriel won the game by sheer luck.*
> Gabriel ganhou o jogo por pura sorte.

## Puro-sangue

Em inglês usa-se o termo *thoroughbred* para se referir ao cavalo de raça pura, sem cruzamento com outras raças. Veja o exemplo:

*Mr. Thompson has several horses on his farm, including some throroughbreds.*
O sr. Thompson tem vários cavalos em sua fazenda, inclusive alguns puros-sangues.

## Puxar ferro

Também existe em inglês uma expressão igualmente coloquial para se referir ao exercício físico com o uso de haltere: *pump iron*. Confira o exemplo abaixo:

*You look like you're in great shape. Have you been pumping iron?*
Você parece estar em ótima forma. Tem puxado ferro?

## Quadriciclo

Podemos nos referir a um quadriciclo em inglês através do termo *ATV*, sigla de *all- terrain vehicle* (veículo para todo terreno). Uma outra palavra usada é *four-wheeler*, que faz referência às rodas (wheels).

*ATVs are designed for use on various types of terrain.*
Os quadriciclos são projetados para uso em vários tipos de terreno.

*"Riding a four-wheeler on the dunes was pretty exciting", said Rick to his friends.*
"Andar de quadriciclo nas dunas foi super emocionante", disse Rick aos amigos.

★ **Veja também: 4 X 4; tração nas quatro rodas p. 5**

## Quase nunca; muito raramente

Além da óbvia tradução literal *almost never* e também da opção mais formal *hardly ever*, existe uma expressão coloquial em inglês com o mesmo significado: *once in a blue moon*. Confira os exemplos contextualizados abaixo:

*Jeff lives in Boston and I live in San Francisco, so we only see each other once in a blue moon.*
Jeff mora em Boston e eu moro em São Francisco, então a gente quase nunca se vê.

*Amanda: Does your husband help you with the cooking?*
Amanda: O seu marido te ajuda a cozinhar?
*Claire: Once in a blue moon.*
Claire: Quase nunca.

## Que delícia!

Além do adjetivo *delicious*, o termo coloquial *yummy* é bastante comum para se referir a algo que agrada o paladar. A variação *yum-yum* também é empregada com o mesmo significado. Confira os exemplos:

*"Have you tried those cookies? They're yummy!", said Jill.*
"Você já experimentou aquelas bolachas? Elas são deliciosas.", disse Jill.

*I think I'll have some of that yummy lemon cake.*
Acho que vou comer um pedaço daquele bolo de limão delicioso.

*Yummy! This chocolate cake tastes great.*
Que delícia! Este bolo de chocolate está supersaboroso.

*"Yum-yum, our food is coming", said Terry as he saw the waiter bringing their order.*
"Que delícia, nossa comida está chegando", disse Terry ao ver o garçom trazendo o pedido deles.

## Que eu saiba; pelo que eu sei; até onde eu sei

A versão equivalente em inglês é *as far as I know*. O uso idiomático de *as far as* é também comum com outros sujeitos: *as far as we know*, *as far as they know*, *as far as he knows*, etc. Confira os exemplos:

*"As far as I know, Paul doesn't live there anymore", said Gina to a friend.*
"Que eu saiba, Paul não mora mais lá", disse Gina a um amigo.

*They came back home very late last night, as far as we know.*
Pelo que sabemos, eles voltaram para casa muito tarde ontem à noite.

*As far as I know, Barry and Carla are not dating anymore.*
Que eu saiba, o Barry e a Carla não estão mais namorando.

## Quebra-galho

Para se referir a uma solução improvisada e temporária, ou seja, um quebra-galho, podemos usar as seguintes expressões em inglês: *quick fix* e *stopgap*. Veja os exemplos a seguir:

*The expression quick fix is used to describe a speedy but inadequate solution to a problem.*
A expressão quebra-galho é usada para descrever uma solução rápida mas inadequada para um problema.

*People often use candles as a stopgap whenever there is a power failure.*
As pessoas frequentemente usam velas como um quebra-galho quando há falta de força.

*"Let's not forget this is just a stopgap solution. We'll have to figure out something else soon", said Clive at the meeting.*
"Não vamos nos esquecer que esta é apenas uma solução quebra-galho. Vamos ter que pensar em alguma outra solução em breve", disse Clive na reunião.

## Quitar; saldar uma dívida, um empréstimo, etc.

Esta ideia é expressa em inglês através do *phrasal verb to pay off/paid off/paid off*. Veja os exemplos:

*When do you expect to pay off the loan?*
Quando você espera quitar o empréstimo?

*Henry finally paid off his car.*
O Henry finalmente quitou o carro.

*Do you know if Marylin has paid off the mortgage on her house yet?*
Você sabe se a Marylin já quitou a hipoteca da casa?

## Rango; boia; grude

O termo coloquial *grub* em inglês é bastante usual e tão informal quanto "rango" em português. Confira os exemplos a seguir:

*Let's go to Dan's café. There's good grub there.*
Vamos à lanchonete do Dan. O rango de lá é bom.

*The grub here is great! Who cooked all this?*
A boia aqui está ótima. Quem preparou tudo isto?

## Ranho

O termo informal correspondente em inglês é *snot*. Veja os exemplos:

*The mucus produced in the nose is informally called snot.*
O muco que se forma no nariz é informalmente chamado de ranho.

*Mike wiped the snot hanging from his nose with the back of his hand.*
Mike limpou o ranho que estava pendurado em seu nariz com a parte de trás de sua mão.

★ **Veja também: pinicar o nariz p. 147**

## Rapidinha; sexo feito às pressas

A expressão informal equivalente em inglês é *quickie*, formado a partir do adjetivo *quick* (rápido/a/os/as). Confira os exemplos abaixo:

*"Come on honey! We have time for a quickie before we go to the party", said Jake to his wife.*
"Ah, vai, querida! Temos tempo para uma rapidinha antes de irmos à festa.", disse Jake à esposa.

*Nick: Did you bang her or what?*
Nick: Você transou com ela ou não?
*Todd: Well, we had a quickie, that's all. We were afraid her parents would show up.*
Nick: Bom, demos uma rapidinha, só isso. Estávamos com medo que os pais dela aparecessem.

★ **Veja também: beijo de língua p. 33; bem-dotado p. 34; bom de cama p. 40; boquete p. 41; consolo p. 63; ménage à trois p. 124; preliminares p. 150**

## Rapidinho

A expressão usual equivalente em inglês para este contexto é *in no time*. Confira os exemplos:

*Jane finished her breakfast in no time and left for school.*
Jane terminou o café da manhã rapidinho e saiu para a escola.

*"Don't worry. I can do the report in no time", said Chuck to a coworker.*
"Não se preocupe. Posso fazer o relatório rapidinho", disse Chuck a um colega de trabalho.

*"We were lucky to have Nick around. He changed the flat tire in no time", said Steve to his friends.*
"Tivemos sorte de ter o Nick por perto. Ele trocou o pneu furado rapidinho", disse Steve aos amigos.

## Reconhecer firma

O verbo que expressa esta ideia em inglês é *to notarize/notarized/notarized*. A forma substantiva *notarization* equivale a reconhecimento de firma. Veja o exemplo abaixo:

*You will need to have the signature notarized.*
Você vai precisar reconhecer firma.

## Recuperar o fôlego

A expressão equivalente em inglês é *catch one's breath*. Confira o exemplo a seguir:

*"You go ahead. I need to sit down for a while to catch my breath", said George to a friend who was jogging with him in the park.*
"Continua. Eu preciso sentar um pouco para recuperar o fôlego", disse George para um amigo que estava correndo com ele no parque.

## Relaxar

Além do verbo regular *to relax/relaxed/relaxed*, podemos usar as expressões *chill out* e *unwind*, bastante comuns nesse contexto. Confira os exemplos abaixo:

*What do you usually do to unwind?*
O que você normalmente faz para relaxar?

*There's no reason to worry. Chill out!*
Não há razão para se preocupar. Relaxa!

★ **Veja também: perder a calma; "explodir" p. 146**

## Retirar a queixa

Em inglês usa-se a expressão *drop charges*. Confira o exemplo:

*Cathy had pressed charges against Brian for domestic violence, but since they have made up she decided to drop charges.*
A Cathy tinha prestado queixa contra Brian por violência doméstica, mas, desde que eles fizeram as pazes, ela decidiu retirar a queixa.

★ **Veja também: prestar queixa p. 151**

## Roda-gigante

O termo usado nos Estados Unidos é *ferris wheel*, já os ingleses dizem simplesmente *big wheel*. Confira o exemplo:

*Telma loves going to amusement parks. The ferris wheel and the roller coaster are her two favorite rides.*
Telma adora ir a parques de diversão. A roda gigante e a montanha russa são seus dois brinquedos preferidos.

★ **Veja também: brinquedo em parque de diversão p. 43**

## Rubéola

Embora o cognato *rubella* também seja usado em inglês, esta doença é popularmente conhecida nos países de língua inglesa pelo nome *German measles*, por ter sido primeiramente descrita por médicos alemães em meados do século dezoito. Veja o exemplo:

*German measles is an infectious disease which causes red spots on the skin, a cough and a sore throat.*
A rubéola é uma doença infecciosa que causa manchas vermelhas na pele, tosse e dor de garganta.

## Saco de pancada

Assim como em português, o termo *punching bag* (saco de pancada), equipamento usado para o treino de boxeadores, pode também ser usado no sentido figurado. Confira os exemplos:

*"I just got tired of being a punching bag. That's why I quit my job", explained Mick to his friends.*
"Cansei de ser um saco de pancada. Por isso que larguei meu emprego", explicou Mick aos amigos.

*"You've been using Howard as a punching bag and that's not fair. I won't let it happen again", Clive told Harry.*
"Você tem usado o Howard como saco de pancada e não é justo. Não vou deixar isso acontecer de novo.", Clive disse a Harry.

## Sair do armário; assumir a homossexualidade

A expressão "sair do armário" tem origem em "*come out of the closet*". Quando o contexto já estiver explícito usa-se apenas o *phrasal verb to come out*. Veja os exemplos contextualizados abaixo:

> *Randy decided to come out of the closet as he was tired of living a double life.*
> Randy decidiu sair do armário porque estava cansado de levar uma vida dupla.
>
> *Tony eventually came out to his friends as they wouldn't stop asking him why he had never had any girlfriends.*
> O Tony finalmente assumiu a homossexualidade para os amigos, já que eles não paravam de perguntar a ele por que nunca tivera uma namorada.

★ **Veja também: sapatão; lésbica p. 163**

## Sair voando; sair correndo; sair depressa

Para expressar essa ideia em inglês use o *phrasal verb to take off/took off/ taken off*, que também pode ser usado com outros significados, como "decolar" (aviões) e "tirar" (roupas ou calçados).

> *I have to take off. I'm late for my Spanish class. See you later!*
> Preciso sair voando. Estou atrasado para a minha aula de espanhol. Vejo vocês mais tarde!
>
> *Bill took off as if he'd seen a ghost. Do you know if something is the matter?*
> O Bill saiu correndo como se tivesse visto um fantasma. Você sabe se há algum problema?

## Salva-vidas

Em inglês se diz *lifeguard*. Veja o exemplo:

*Trained lifeguards make sure bathers are safe.*
Salva-vidas treinados certificam-se de que os banhistas estejam seguros.

★ **Veja também guarda-costas p. 112**

## Sapatão; lésbica

O termo coloquial equivalente em inglês é *dyke* ou *dike*. Confira o exemplo:

*I had no idea Jenny was a dike. I actually thought she had a boyfriend!*
Não fazia ideia que a Jenny era sapatão. Eu até pensei que ela tinha namorado!

★ **Veja também: sair do armário p. 162**

## Sarado; malhado

A expressão equivalente em inglês é *well-toned*. Confira o exemplo abaixo:

*It's no wonder Bernie's body is well-toned. He works out at the gym every single day!*
Não é de se admirar que o Bernie esteja com o corpo sarado. Ele malha na academia todo santo dia!

## Saúde!

Ao fazer um brinde, dizemos *cheers!* (saúde). Mas se a intenção for desejar saúde a alguém que acabou de espirrar, podemos dizer *gesundheit*, uma palavra de origem alemã com o significado de saúde, usada também em inglês; ou então "*bless you!*", abreviação de "*may God bless you*", que equivale ao nosso "Deus te abençoe!". Confira os exemplos a seguir:

*Gesundheit is a German word used in English to wish good health to someone who has just sneezed.*
*Gesundheit* é uma palavra alemã usada em inglês para desejar boa saúde a alguém que acabou de espirrar.

*"Bless you!", said Rita as soon as I sneezed.*
"Saúde!", disse Rita assim que eu espirrei.

## Serviço de manobrista

O equivalente em inglês é *valet parking*. Aliás, essa é uma expressão já usada em muitos lugares no Brasil. Para manobrista podemos dizer *valet* ou *parking attendant*. Confira os exemplos abaixo:

*Big hotels usually have many amenities, such as a fitness center, a sauna and valet parking.*
Os grandes hotéis normalmente dispõem de muitos recursos, como academia, sauna e serviço de manobrista.

*"Our valet parking service is available 24 hours a day", explained the front desk attendant.*
"Nosso serviço de manobrista está disponível 24 horas por dia", explicou o atendente da recepção.

*Can you ask the parking attendant to get my car please?*
Você pode pedir para o manobrista pegar meu carro por favor?

★ **Veja também: barman p. 31; cooper p. 64; em "off" p. 84; outdoor p. 136; shopping p. 165; smoking p. 170 e trailer p. 181**

## Shopping

Na verdade nem precisaríamos usar a palavra "*shopping*" em português, já que podemos fazer uso de um termo tão esclarecedor quanto "centro de compras". De qualquer maneira, lembre-se que em inglês não basta dizer *shopping*, é necessário completar com *center*: *shopping center*. A outra opção é *shopping mall* ou simplesmente *mall*.

> *The number of shopping centers in Brazil has been increasing a lot in the past few years.*
> O número de *shoppings* no Brasil tem aumentado muito nos últimos anos.
>
> *I ran into Mike at the mall this morning.*
> Encontrei o Mike no *shopping* hoje de manhã.

★ **Veja também: barman p. 31; cooper p. 64; em "off" p. 84; outdoor p. 136; smoking p. 170 e trailer p. 181**

## Siglas

| NGO = ONG | NATO = OTAN | HQ = QG |
| --- | --- | --- |
| PMS = TPM | UN = ONU | RSI = LER |
| NLP = PNL | UFO = OVNI | GDP = PIB |

O substantivo "*acronym*" equivale em inglês a "sigla", que pode ser definida como palavra formada a partir das primeiras letras do nome de algo. É o caso de VIP: *Very Important Person*, termo usado nos países de língua inglesa, e incorporado ao português, para referir-se a pessoas importantes ou celebridades.

> *Did you know that the word "rap" is an acronym for rhythm and poetry?*
> Você sabia que a palavra "*rap*" é a sigla de ritmo e poesia?

Veja abaixo alguns outros *acronyms* muito usuais na língua inglesa e seus correspondentes em português:

**ASAP:** *As Soon As Possible* (assim que possível). Não há uma sigla correspondente em português.

**CAD:** *Computer-Aided Design*. Sigla, usada da mesma forma no Brasil, para se referir ao software que facilita a execução de projetos e desenhos técnicos, usado especialmente por arquitetos e engenheiros.

**CD:** *Compact Disc*; a mesma sigla é usada no Brasil.

**CEO:** *Chief Executive Officer*, termo usado para designar a pessoa com maior autoridade em grandes empresas americanas e já bastante difundido no mundo corporativo brasileiro.

**CIA:** *Central Intelligence Agency*, a Agência Central de Inteligência americana. A mesma sigla é usada no Brasil.

**CPR:** *Cardiopulmonary Resuscitation*. Uma sigla muito usada nos Estados Unidos. No Brasil, usa-se uma tradução literal, "reanimação cardiopulmonar", ou o termo "reanimação cardiorrespiratória". É uma técnica aplicada a pessoas que sofreram parada cardíaca. Consiste em ventilar os pulmões da vítima (com respiração boca a boca, por exemplo) e fazer massagem cardíaca.

**CRM:** *Customer Relationship Management*. A mesma sigla é usada no mundo corporativo brasileiro. Equivale em português a "gerenciamento de relacionamento com o cliente", que é basicamente um sistema informatizado através do qual uma empresa visa desenvolver um bom relacionamento com seus clientes, mantendo informações sobre suas necessidades etc.

**DVD:** *Digital Vídeo Disc*, ou, ainda, *Digital Versatile Disc*; igualmente usada no Brasil.

**GDP:** *Gross Domestic Product*. No Brasil, PIB: Produto Interno Bruto.

**HR:** *Human Resources*; RH: Recursos Humanos.

**HQ:** *Headquarters*, quartel general, que em português abrevia-se QG.

**MBA:** *Master of Business Administration*; sigla também usada no Brasil.

**NASA:** *National Aeronautics and Space Administration*; usa-se a mesma sigla em português. A contraparte brasileira é a AEB: Agência Espacial Brasileira.

**NATO:** *North Atlantic Treaty Organization*, que no Brasil é OTAN: Organização do Tratado do Atlântico Norte.

**NGO:** *Non-governmental Organization*, equivalente a ONG: Organização Não Governamental.

**NLP:** *Neurolinguistic Programming*. A sigla equivalente no Brasil é PNL: Programação Neurolinguística.

**PS:** *Post Script*; usada da mesma forma em português, ao final de e-mails e cartas, para acrescentar informações.

**PMS:** *Premenstrual Syndrome*, equivalente no Brasil a TPM: Tensão Pré-menstrual.

**PTA:** *Parent-Teacher Association*, ou PTO: *Parent-Teacher Organization*. No Brasil, APM: Associação de Pais e Mestres.

**RIP:** *Rest in Peace* (descanse em paz) sigla vista em algumas lápides nos cemitérios de países de língua inglesa.

**RSI:** *Repetitive Strain Injury*; equivalente a LER: Lesão por Esforços Repetitivos.

**SAP:** *Second Audio Program*; também conhecida no Brasil por tecla SAP.

**SUV:** *Sport Utility Vehicle*; veículo utilitário esportivo, em geral maior do que um carro de passeio e normalmente equipado com tração nas quatro rodas. Não há uma sigla correspondente em português.

**SWAT:** *Special Weapons and Tactics*, o grupo das polícias americanas especialmente treinado para lidar com criminosos perigosos. A sigla também usada em português para se referir ao grupo americano. No Brasil, cada polícia tem seu nome para essas divisões.

**UFO:** *Unidentified Flying Object*, em português, a sigla correspondente é OVNI: Objeto Voador Não Identificado.

**UN:** *United Nations*; este *acronym* equivale à sigla ONU: Organização das Nações Unidas.

**WWW:** World Wide Web, a grande teia mundial de computadores. Uma sigla internacional.

**YUPPIE:** Young Urban Professional; termo também já incorporado ao português, usado para referir-se aos jovens profissionais bem-sucedidos, normalmente dinâmicos e ambiciosos e com estilo moderno de vida.

Muitas abreviações e siglas foram originadas a partir de uma brincadeira ou piada e são bastante usadas informalmente nas situações que lhes competem. É o caso de **TGIF:** *Thank God It's Friday*, que brinca com a ideia de se dar graças a Deus por ser sexta-feira; **BO:** *Body Odor*, um eufemismo usado para se referir a alguém que cheira mal por causa de suor, algo equivalente a "cê-cê" no Brasil, e **BS:** bullshit, coloquialmente empregado para expressar que não se acredita no que estão te contando ou referir-se a algo desprezível. Temos também a sigla **AC/DC**, originalmente usada em eletricidade com o significado de *Alternating Current, Direct Current* (corrente alternada, corrente direta) mas que também é empregada atualmente como gíria, com o significado de "gilete", pessoa que tem atração sexual por homens e mulheres. Veja alguns exemplos abaixo:

> *"Are you going to the TGIF party tonight?", Greg asked Alan.*
> "Você vai à festa TGIF hoje à noite?", Greg perguntou a Alan.

> *"I can't stand being close to Fred. His BO is unbearable!", Bill told his friends.*
> "Não consigo ficar perto do Fred. O cê-cê dele é insuportável!", disse Bill aos amigos.

> *"I don't believe for a second what Jeff told us. I'm sure it's all a load of BS", said Bernie to his friends.*
> "Não acredito por um segundo no que o Jeff nos contou. Tenho certeza que é tudo mentira.", disse Bernie aos amigos.

*"I had no idea Jeff was AC/DC. How did you find out?", Chris asked Kim.*
"Não tinha a mínima ideia que o Jeff era gilete. Como você ficou sabendo?", Chris perguntou a Kim.

## Sinal; entrada; pagamento inicial

Em inglês usa-se a expressão *down payment* para se referir ao primeiro pagamento parcial feito no momento da compra de algo. Veja os exemplos:

*The car salesman asked Harry if he could make a 10% down payment of the total cost of the car.*
O vendedor de carros perguntou a Harry se ele poderia dar um sinal de 10% do valor total do carro.

*"The down payment corresponds to 5% of the total value of the house", explained Selena.*
"A entrada corresponde a 5% do valor total da casa", Selena explicou.

## Sindicato

A palavra apropriada neste caso em inglês é *union*. Confira os exemplos:

*A union spokesman talked to the journalists about the legal dispute with the company.*
Um porta-voz do sindicato conversou com os jornalistas sobre a disputa legal com a empresa.

*Union and company representatives came to an agreement after a long meeting.*
Os representantes do sindicato e da empresa chegaram a um acordo após uma longa reunião.

## Site de busca

A Internet trouxe um grande número de novas palavras e expressões que foram rapidamente incorporadas aos idiomas. No caso do Brasil, muitas destas palavras e expressões são utilizadas assim como em inglês, algumas vezes com poucas adaptações. É o caso de *mouse*, *home page*, *download*, *site*, *upgrade*, *e-mail*, *spam*, *hacker*, *laptop*, *webdesigner*, *scanner* e outras. No caso da expressão *site* de busca, o equivalente em inglês é *search engine*, termo formado a partir do verbo *to search/searched/searched* (procurar) e do substantivo *engine* (motor). Veja o exemplo abaixo:

*Google is by far the most popular search engine in the world.*
O Google é de longe o site de busca mais conhecido do mundo.

A popularidade do Google, um dos sites de busca mais utilizados no mundo, fez com que a palavra *google* curiosamente se transformasse em verbo: *to google/googled/googled*, com o significado de "procurar informações na Internet". Confira os exemplos abaixo:

*Mark googles all of his prospective clients.*
O Mark procura informações na Internet sobre todos os seus clientes em potencial.

*I googled her, but there were no references to her name on the Internet.*
Eu procurei informações sobre ela na Internet, mas não havia referências ao nome dela.

## Smoking

Me refiro ao traje formal usado por homens em certas ocasiões sociais, que em inglês é chamado de *tuxedo* ou, informalmente, *tux*. A palavra inglesa *smoking*, usada no Brasil, tem origem em *smoking jacket*, uma espécie de paletó folgado, de tecido fino como o veludo ou seda, e que era usado antigamente pelos homens para fumar.

*Sean felt weird, all dressed up in a rented tuxedo.*
O Sean sentia-se estranho, todo bem vestido em um smoking alugado.

*"I've never worn a tux really, but I may need to buy one for my sister's wedding", said Tim to his friends.*
"Na verdade eu nunca usei smoking, mas talvez precise comprar um para o casamento da minha irmã", disse Tim aos amigos.

★ **Veja também: barman p. 31; cooper p. 64; em "off" p. 84; outdoor p. 136; shopping p. 165 e trailer p. 181**

## Soltar uma bufa; soltar um pum; peidar

Além do verbo regular *to fart/farted/farted* (peidar), duas expressões coloquiais são usadas neste contexto: *cut the cheese* e *break wind*. Veja os exemplos abaixo:

*Gee, open the window, please. Someone's just cut the cheese!*
Putz, abre a janela, por favor. Alguém acabou de soltar uma bufa!

*Can you believe Benny broke wind loudly during our meeting with the director?*
Você acredita que o Benny soltou um pum sonoro durante a nossa reunião com o diretor?

★ **Veja também: fazer xixi; tirar água do joelho; mijar p. 103**

## Soluçar

Quando o soluço for causado por estar com o estômago vazio ou comer e beber rápido demais, entre outras causas, o verbo usado em inglês é *to hiccup/hiccuped/hiccuped*. Neste contexto podemos também dizer *have the hiccups*. No caso do soluço provocado por choro, o verbo apropriado em inglês é *to sob/sobbed/sobbed*. Confira os exemplos:

*Jason always has the hiccups when he eats too fast.*
Jason sempre fica com soluço quando come rápido demais.

*Eating or drinking too quickly gives some people hiccups.*
Comer ou beber rápido demais faz algumas pessoas soluçar.

*Ben: Hey Luke, I found Liz sobbing in her bedroom. What's the matter with her?*
Ben: Ei, Luke, encontrei a Liz soluçando no quarto. Qual é o problema com ela?
*Luke: She broke up with her boyfriend. That's why!*
Luke: Ela rompeu com o namorado. É por isso!

## Sonhar acordado

O verbo *to daydream/daydreamed/daydreamed* transmite essa ideia. Confira os exemplos:

*"Sorry, I was just daydreaming", said Thelma to a friend who asked her what she was thinking about.*
"Desculpe, eu só estava sonhando acordada", disse Thelma a uma amiga que lhe perguntou o que estava pensando.

*"Dick doesn't pay much attention in class. He always seems to be daydreaming about something", said Martha.*
"O Dick não presta muita atenção na aula. Ele sempre parece estar sonhando acordado com alguma coisa", disse Martha.

*"You'd better stop daydreaming and face reality!", said Mike to a friend.*
"É melhor você parar de sonhar acordado e encarar a realidade!", disse Mike a um amigo.

## Sonho erótico

O termo *nocturnal emission* (polução noturna), conhecido popularmente por *wet dream* (sonho erótico), pode ser definido como um sonho de conteúdo sexual que leva à ejaculação, comum principalmente entre os adolescentes. Confira os exemplos contextualizados abaixo:

*Wet dreams are most common during teenage and early adult years.*
Os sonhos eróticos são mais comuns na adolescência e os primeiros anos da vida adulta.

*It's perfectly normal for teenagers to have wet dreams.*
É perfeitamente normal os adolescentes terem sonhos eróticos.

## Sósia

O substantivo *double* é usado em inglês para se referir a uma pessoa que se assemelha muito a outra, ou seja, sósia. Confira os exemplos:

*Hey Mark, I met your double at a party last night. A guy who looks just like you!*
Ei Mark, conheci o seu sósia numa festa ontem à noite. Um cara que parece muito com você!

*I could have sworn that man was Peter! He must have a double, then.*
Eu podia ter jurado que aquele homem era o Peter! Ele deve ter um sósia, então.

## Sossegar

Esta ideia pode ser expressa com o *phrasal verb to settle down/settled down/settled down*. Veja os exemplos:

*"Don't you think it's about time you got married and settled down?", Dave's father asked him.*
"Você não acha que já está na hora de se casar e sossegar?", o pai de Dave perguntou a ele.

*Trevor is a restless kind of guy. I wonder if he will ever settle down.*
O Trevor é um cara irrequieto. Não sei se um dia ele vai sossegar.

## Sou todo ouvidos

A expressão equivalente em inglês neste caso é uma tradução literal: *I'm all ears*. Confira o exemplo:

*Tom: Do you have a minute? I need to talk to you about something.*
Tom: Você tem um minuto? Preciso conversar com você sobre algo.
*Dick: Sure. I'm all ears!*
Dick: Claro. Sou todo ouvidos!

## Subir ao altar

Também existe uma boa expressão equivalente em inglês para este caso: *walk down the aisle*. Além de significar corredor, passagem entre bancos em cinema, teatro ou avião, ou a passagem entre prateleiras em um supermercado, o substantivo *aisle* também é empregado para se referir à nave de igreja, ou seja, à ala central de uma igreja. Uma outra expressão relativa a este contexto é *give the bride away*, que significa entregar a noiva ao noivo no altar, tarefa normalmente reservada ao pai da noiva. Confira os exemplos.

*"I can hardly believe Neil and Laura are finally walking down the aisle", said Pamella to a friend at the church.*
"Eu quase não acredito que o Neil e a Laura estão finalmente subindo ao altar", disse Pamella a uma amiga na igreja.

*Mr. Smith cried as he gave his daughter away to the groom.*
O sr. Smith chorou ao entregar sua filha ao noivo.

★ **Veja também: banco de igreja p. 30; casamento de fachada p. 53; coroinha p. 65; fugir para casar p. 109; pedir em casamento p. 144**

## Sucesso

Quando nos referimos a um grande sucesso da indústria de entretenimento, como é o caso de uma música, um show, uma peça teatral etc., a palavra *hit* costuma ser bastante usada em inglês. Veja os exemplos:

*The play* The phantom of the opera *is one of the biggest hits on Broadway.*
A peça *O fantasma da ópera* é um dos grandes sucessos na Broadway.

*The audience cheered and sang along the band's hit song.*
A plateia aplaudiu e cantou junto a música de sucesso da banda.

*The clown hired to cheer up the party was a hit with the kids.*
O palhaço contratado para alegrar a festa fez sucesso com as crianças.

★ **Veja também: fracasso p. 107**

## Superar um relacionamento; recuperar-se emocionalmente; esquecer

Os *phrasal verbs get over something* e *be over something* são muito comuns nesse contexto. Confira os exemplos:

*Even though Mary's husband passed away three years ago, she still hasn't gotten over it yet.*
Embora o marido da Mary tenha falecido há três anos, ela ainda não se recuperou.

*It took Sandy a couple of months to get over her ex-boyfriend.*
A Sandy levou alguns meses para esquecer o ex-namorado.

*"I'm still not over Nick. I think about him every day", Carol told a friend.*
"Ainda não esqueci o Nick. Penso nele todos os dias", Carol disse a uma amiga.

## Tacos

Você já reparou que no Brasil usamos a mesma palavra, "taco", quando o assunto é sinuca, golfe, beisebol, hóquei ou polo? O mesmo não acontece no idioma inglês, que tem uma palavra específica para se referir ao taco usado em cada um destes esportes. Confira o quadro abaixo:

| | | | |
|---|---|---|---|
| Taco de sinuca | cue | Taco de beisebol | bat |
| Taco de golfe | club | Taco de hóquei | stick |

## Te peguei!

Existe uma expressão na medida certa para esse caso em inglês: "*gotcha!*", que é na verdade a contração de *got you*. Veja o exemplo:

> *Tim was just about to sneak away when Celine suddenly said "Gotcha!".*
> O Tim estava quase saindo de fininho quando Celine disse de repente "Te peguei!"

A expressão "*gotcha!*" também é usada em inglês para dizer que entendemos o que alguém está tentando dizer.

> *"Gotcha!", said Harry when we told him the meeting would start in a few minutes.*
> "Entendi!", disse Harry quando falamos para ele que a reunião começaria em alguns minutos.

## Teleférico; bondinho

Para o teleférico fechado, como é o caso do bondinho do Pão de Açúcar no Rio de Janeiro, diz-se em inglês *cable car*. Quando o teleférico for aberto, como por exemplo em montanhas onde se pratica esqui, o termo apropriado é *chair lift*. Confira os exemplos:

> *The cable car ride to Sugarloaf Mountain in Rio is very exciting.*
> O passeio de bondinho até o Pão de Açúcar no Rio é muito emocionante.
>
> *The skiers rode on a chair lift to the top of the mountain.*
> Os esquiadores foram de teleférico ao topo da montanha.

## Temperatura ambiente

A expressão equivalente em inglês é *room temperature*. Confira o exemplo a seguir:

*This kind of wine should be kept at room temperature.*
Este tipo de vinho deve ser mantido em temperatura ambiente.

## Ter alguém na palma da mão; ter controle total sobre alguém

Em inglês também temos uma expressão equivalente: *have someone wrapped around one's finger*. Confira os exemplos:

*"Don't worry about Nick. He'll do just as I say. I have him wrapped around my finger" said Martha to her friends.*
"Não se preocupe com o Nick. Ele vai fazer o que eu mandar. Eu tenho ele na palma da mão", disse Martha às amigas.

*Melissa always has her way with Tim. She has him wrapped around her finger.*
A Melissa sempre consegue que o Tim faça as coisas do jeito que ela quer. Ela o tem na palma da mão.

## Testa de ferro

Neste contexto podemos usar a expressão *front man*. Confira o exemplo:

*"Dick is just the front man. The guy who really calls the shots there is Bill", explained Simon.*
"Dick é só o testa de ferro. O cara que realmente dá as cartas lá é o Bill", explicou Simon.

## Tipos de cabelo

Confira como se diz em inglês os vários tipos de cabelo no quadro a seguir:

| PORTUGUÊS | INGLÊS |
| --- | --- |
| cabelo liso | straight hair |
| cabelo encaracolado | curly hair |
| cabelo ondulado | wavy hair |
| cabelo à escovinha | crewcut |
| cabelo crespo | crisp or frizzled hair |
| cabelo ruivo | red hair |

## Tirar leite de vaca; ordenhar

Além de substantivo, a palavra *milk* (leite) é usada em inglês como verbo *to milk/milked/milked* com o significado de ordenhar. Veja o exemplo:

> *It takes a little practice to milk a cow properly.*
> É preciso de um pouco de prática para tirar leite de vaca direito.

## Tomar partido

A expressão equivalente em inglês é *take sides*. Confira o exemplo contextualizado.

*Sam refused to take sides in the discussion and left the room without saying a word.*
Sam se recusou a tomar partido na discussão e saiu da sala sem dizer uma palavra.

## Toques finais

Em inglês a expressão correspondente é quase uma tradução literal: *finishing touches*. Confira o exemplo abaixo:

*The new house Harold has built only needs a few finishing touches, but it already looks great as it is.*
A casa nova que o Harold construiu só precisa de alguns toques finais, mas a aparência já é ótima do jeito que está.

## Torcicolo; dor no pescoço

Esta expressão é formada em inglês pelo adjetivo *stiff* (duro; rijo) e o substantivo *neck* (pescoço): *stiff neck*. Confira o exemplo:

*"I woke up with a splitting headache and a stiff neck, that's why I called in sick yesterday", explained Denise to a coworker.*
"Acordei com uma dor de cabeça forte e torcicolo, é por isso que avisei que não vinha trabalhar ontem", explicou Denise a uma colega de trabalho.

## Toró

Confira o uso do substantivo *downpour* (toró) nos exemplos abaixo:

*"We're in for a downpour!", said Jeff as he looked at the dark sky.*
"Vai cair um toró!", disse Jeff ao olhar para o céu escuro.

*Brian got caught in a downpour and was soaking wet.*
Brian foi pego no toró e ficou ensopado.

*The word downpour is used to describe a heavy continuous fall of rain.*
A palavra toró é usada para descrever uma chuva pesada e contínua.

★ **Veja também: está caindo um pé d' água p. 92**

## Torrar dinheiro; gastar tudo

Podemos expressar essa ideia de uma forma igualmente coloquial com o verbo *to blow/blew/blown*. Veja os exemplos:

*Larry blew ten grand in a week or so.*
O Larry torrou dez mil dólares em aproximadamente uma semana.

*"Make sure you spend your money wisely. Don't blow it on superfluous things", Mr. Gates advised his nephew.*
"Você deve gastar seu dinheiro com prudência. Não torre em coisas supérfluas", o sr. Gates aconselhou o sobrinho.

*Burt blew his first paycheck on a night out with his friends.*
O Burt torrou todo seu primeiro salário em uma noite com os amigos.

★ **Veja também: usar tudo; acabar com alguma coisa p. 185**

## TPM; tensão pré-menstrual

Para dizer tensão pré-menstrual em inglês diga *PMS*, (da mesma forma como são pronunciadas estas letras do alfabeto: "pi", "ém", "éss") que é a sigla de *premenstrual syndrome*. Outra sigla também usada é *PMT*: *pre-menstrual tension*.

*Women sometimes experience unpleasant physical and emotional feelings during PMS.*
As mulheres às vezes tem desconforto físico e emocional durante a TPM.

## Trabalho de parto

Nos Estados Unidos diz-se *labor*. A grafia muda um pouco em inglês britânico: *labour*. Veja os exemplos:

*Sandra was in labor for nine hours with her first daughter.*
Sandra ficou em trabalho de parto por nove horas com a primeira filha.

*Rachel went into labor about two hours ago.*
A Rachel entrou em trabalho de parto há aproximadamente duas horas.

★ **Veja também: cesariana p. 56; dar à luz p. 69; parto; parto normal p. 140; primogênito p. 151**

## Trailer

Tome cuidado com a palavra de origem inglesa *trailer*. Incorporada ao português, é usada no Brasil para se referir tanto ao veículo que pode ser descrito como "uma casa sobre rodas" quanto ao reboque habitável sem tração própria que é puxado por um carro. Em inglês, a palavra *trailer* faz referência apenas ao reboque que depende de um veículo para ser levado de um lugar para outro. Para se referir à "casa sobre rodas" usa-se em inglês o termo RV, que é abreviação de *recreational vehicle*. Uma outra opção nesse caso é a palavra *motor home*.

> *"Renting an RV was really a good idea. We visited lots of places and had a lot of fun" said Fred to his friends.*
> "Alugar um trailer foi uma ideia realmente boa. Visitamos muitos lugares e nos divertimos bastante", disse Fred aos amigos.
>
> *"Our motor home is quite comfortable. We have four beds, a small living room and kitchen and a shower", explained Celine.*
> "Nosso trailer é bastante confortável. Temos quatro camas, uma pequena sala de estar e cozinha e uma ducha" explicou Celine.
>
> *The Johnsons have traveled all over the country in their RV.*
> Os Johnson viajaram pelo país inteiro no trailer deles.
>
> *"A motor home is surely not as comfortable as a hotel, but it's a lot more exciting", said Neil to his friends.*
> "Um trailer certamente não é tão confortável quanto um hotel, mas é muito mais emocionante", disse Neil aos amigos.

Lembre-se que em outro contexto a palavra *trailer* também é usada, tanto em inglês quanto em português, para se referir a um pequeno trecho de filme exibido para divulgação do mesmo.

> *We watched a trailer for the latest Woody Allen movie.*
> Assistimos ao trailer do filme mais recente do Woody Allen.

★ **Veja também: barman p. 31; cooper p. 64; em "off" p. 84; outdoor p. 136; shopping p. 165 e smoking p. 170**

## Transparente (roupas)

A forma adjetiva *see-through* é muito usada em inglês para se referir a roupas transparentes. Confira o exemplo:

> *Can you believe Michelle was wearing a see-through blouse last night?*
> Você acredita que a Michelle estava usando uma blusa transparente ontem à noite?

★ **Veja também decotado p. 72**

## Tudo o que é bom dura pouco

O ditado equivalente em inglês é *all good things come to an end*. Confira o exemplo:

> *Harry: It's a shame we have to stop playing!*
> Harry: É uma pena que tenhamos que parar de jogar!
> *Bernard: I couldn't agree with you more. I guess all good things come to an end!*
> Bernard: Concordo plenamente. Acho que tudo o que é bom dura pouco!

## Um roubo; uma exploração; muito caro

Quando quiser transmitir coloquialmente em inglês a ideia de que algo tem um preço exorbitante, use a expressão *rip-off*. Confira o exemplo abaixo:

> *What? Nine bucks for a cup of capuccino? That's a rip-off!*
> O que? Nove dólares por uma xícara de capuccino? Isto é um roubo!

## Uma ova!

A expressão coloquial correspondente em inglês é "*my ass!*" Veja o pequeno diálogo contextualizado abaixo:

> *Tom: Fred strikes me as a really nice guy.*
> Tom: O Fred me parece um cara muito legal.
> *Dick: Nice my ass! Wait till you get to know him well.*
> Dick: Legal uma ova! Espere até você conhecê-lo direito.

## Umbigo

Além do substantivo *navel* (umbigo), um termo informal e bastando empregado pelos americanos na conversação cotidiana é *belly button*, literalmente "o botão da barriga". Faz sentido, não? Confira o exemplo abaixo:

> *Maggy has a tattoo just below her belly button.*
> A Maggy tem uma tatuagem bem abaixo do umbigo.

## Ursinho de pelúcia

Quando precisar mencionar um ursinho de pelúcia em inglês, diga *teddy bear*. Muito bem, *bear* significa urso, mas dá onde vem o *teddy*? Diz a lenda que a dona de uma loja em Nova Iorque fez o primeiro *teddy bear* no ano de 1902 em homenagem ao então presidente americano Theodore ("Teddy") Roosevelt. Ele havia se recusado a atirar em um filhote de urso em uma de suas caçadas, daí o nome. Obs.: O equivalente a pelúcia ou a forma adjetiva "de pelúcia" em inglês é *plush*.

*Jimmy has lots of stuffed toy animals, including a teddy bear.*
Jimmy tem muitos animais de brinquedo empalhados, inclusive um ursinho de pelúcia.

## Usar tudo; acabar com alguma coisa

O *phrasal verb to use up/used up/used up* é usado neste contexto. Veja os exemplos:

*Tim used up the ink cartridge printing some photos.*
O Tim acabou com o cartucho de tinta imprimindo algumas fotos.

*Who used up all the soap?*
Quem acabou com o sabonete?

*We'd better not use up our money. It's always wise to leave some for a rainy day.*
É melhor não usarmos todo nosso dinheiro. É sempre prudente deixar algum para quando for preciso.

★ **Veja também: torrar dinheiro; gastar tudo p. 180**

## Vinte e quatro horas por dia; dia e noite

A expressão *around the clock* é bastante usual nesse contexto.Veja o exemplo:

*The firemen worked around the clock to put out the fire.*
Os bombeiros trabalharam dia e noite para apagar o incêndio.

Existe também uma outra expressão em inglês que se refere não somente às 24 horas do dia, mas também aos 7 dias da semana, ou seja, o tempo todo. É muito fácil de lembrar essa expressão, basta dizer *24/7* *(twenty-four/seven)*, de *twenty-four hours a day* (vinte e quatro horas por dia) e *seven days a week* (sete dias por semana). Veja o pequeno diálogo abaixo:

*A: ...and what do you do for a living?*
A: ...e o que você faz?
*B: I'm a freelance architect. I have a home office.*
B: Sou arquiteto freelance. Tenho meu escritório em casa.
*A: That's nice! I bet you have a lot of free time.*
A: Que legal! Aposto que você tem bastante tempo livre.
*B: Well, actually it's the other way around. It's pretty much like a 24/7 job.*
B: Bom, na verdade é o contrário. Eu acabo trabalhando o tempo todo.

## Vira-casaca

O termo correspondente em inglês é *turncoat*. Veja o exemplo:

*Ryan is a turncoat. He betrayed our cause and joined our opponents.*
O Ryan é um vira-casaca. Ele traiu a nossa causa e se juntou aos nossos adversários.

## Você cortou o cabelo?

A pergunta *did you cut your hair?* é possível, e até empregada pelos falantes nativos de inglês, mas não é considerada gramaticalmente correta. Como a maioria das pessoas não cortam o próprio cabelo, a pergunta adequada em inglês seria *did you have your hair cut?* ou então *did you get your hair cut?*

O mesmo acontece em outras situações, como lavar o carro, pintar a casa, cortar a grama etc. Veja os exemplos abaixo:

*I washed my car.*
Lavei meu carro.

*I had my car washed.*
Lavei meu carro. (Obs. Neste caso, fica subentendido que a pessoa não lavou o carro ela mesma, e sim levou a um lava-rápido.)

*I painted my house.*
Eu pintei a minha casa.

*I had my house painted.*
Eu pintei a minha casa. (Obs. Neste caso fica subentendido que a pessoa não pintou ela mesma a casa, e sim contratou um pintor para tanto.)

## Voltar ao batente

Podemos dizer em inglês *be back to the grindstone*. Veja o exemplo:

*"After a two-week vacation I'm back to the grindstone!", said Neil to his friends.*
"Depois de duas semanas de férias, estou de volta ao batente!", disse Neil aos amigos.

## Xará

Se o contexto for uma pessoa que tem o mesmo nome que outra, ou seja, um homônimo, a palavra correspondente em inglês é *namesake*. Ocorre que também usamos em português o termo coloquial xará como sinônimo de amigo, "cara", "chapa". Nesse caso, alguns termos equivalentes em inglês seriam *pal*, *buddy* ou *bro*, forma contraída de *brother*. Veja os exemplos:

*They are actually namesakes. They are both called Nick.*
Na verdade, eles são xarás. Os dois se chamam Nick.

*Hey, pal, can you give me a hand with that box over there? I need to move it close to the window.*
Ei, xará, você pode me dar uma mão com aquela caixa ali? Preciso colocá-la perto da janela.

*See you around, bro!*
Te vejo por aí, xará!

*Hey, buddy, can you lend me twenty bucks?*
Ei, xará, você pode me emprestar vinte dólares?

## Xeretar; bisbilhotar

O verbo regular *to snoop/snooped/snooped* expressa essa ideia em inglês. Confira os exemplos contextualizados abaixo:

*I'd appreciate if you stopped snooping around. Don't you have anything else to do?*
Eu gostaria que você parasse de xeretar. Você não tem mais nada para fazer?

*I don't like Mike's behavior. He always seems to be snooping on us.*
Não gosto do comportamento do Mike. Ele parece estar sempre xeretando.

A forma substantiva **snoop** ou **snooper** equivale a bisbilhoteiro ou xereta.

*Hey, mind your own business. Don't be such a snoop!*
Ei, cuide da sua vida. Não seja tão xereta!

# Para quando você quiser encontrar...

## A

# B

# C

# D

# E

## F

## G

## H



## I

## J



## L



## M

## N

# O



# P

# Q

## R



## S

# T

## U



## V

Este livro foi composto nas fontes Fedra Sans e Fedra Serif
e impresso em agosto de 2025 pela Paym Gráfica e Editora Ltda.,
sobre papel offset.